An Exceptional Gift

An English - Spanish version of the best-seller

UN REGALO EXCEPCIONAL

Roger Patrón Luján

Este nuevo volumen de Un Regalo
Excepcional está formado con algunas de las
más bellas joyas de la sabiduría producidas
por el hombre a través de los siglos.

Quienes lo posean serán dueños del más grande
tesoro que cualquier hombre pueda tener.

Consérvalo, cuídalo, léelo y reléelo cuantas veces
quieras, pero sobre todo, cuando sientas que te
invade el desánimo o la tristeza, cuando
supongas que ante ti se cierran todas las puertas,
cuando experimentes el miedo de vivir.

Entonces comprenderás el significado de su
título: Un Regalo Excepcional.

Esta edición ha sido revisada minuciosamente
pues al cabo de siete años de haberse editado
por primera vez, su autor ha actualizado su
contenido numerosas veces.

Rogamos a los lectores que le informen de
cualquier nuevo descubrimiento o error para
corregirlo en las próximas ediciones.

This new volume of An Exceptional Gift is
compiled with some of the most beautiful
gems of wisdom brought forth by man
throughout the centuries.

Those who possess it own the greatest treasure
that anyone can have.

Keep it, take care of it, read it and read it
again as many times as you wish, but above
all, when you are sad or discouraged, when
you think all doors are closed to you, when
you feel the fear of living.

You will then understand the meaning of
its title: An Exceptional Gift.

This new edition has been reviewed
meticulously, since it was published for
the first time seven years ago, the author
has reviewed and updated its content
over and over.

We request the readers to send us their
comments in order to improve the following
editions.

tercera
edición

An Exceptional Gift

An English - Spanish version of the best-seller

UN REGALO EXCEPCIONAL

Roger Patrón Luján

CONTENIDO

CONTENT

Alejandro, Andrés, Bertha, Enrique, Ernesto,
Gloria, Irene, David, Daniela, Ernesto, Gaby,
Javier, John, Jorge, Joseph, Juan Manuel, Luchi,
Manuel, María, Mariana, Mario, Mauricio,
Miriam, Octavio, Ofelia, Pedro, Roberto,
Rosa Isela, Santiago, Santos, Simone, Sylvia,
Tere, Vera, Vicente, Víctor.

¡Gracias!

Thanks!

PREFACIO *

La primera vez que fui invitado a firmar autógrafos fuera de México, la cálida recepción fue tan inesperada como lo fue la primera vez que presentamos la edición español-náhuatl de Un Regalo Excepcional en Cuetzalan, Puebla.

Varias lenguas han sido las elegidas para hacer versiones bilingües de este regalo que presento a ustedes.

Esta nueva edición bilingüe de Un Regalo Excepcional me ha permitido conocer lo ávidos que estamos de palabras de aliento y la importancia de realizar versiones en diferentes idiomas para compartir esta experiencia de esperanza.

Parece que fue ayer cuando obsequié a mis amigos los primeros veinte libros de lo que en ese tiempo titulé Pensamientos, la primera versión de un regalo que ha sido excepcional por el aprendizaje y por las bendiciones que he recibido de ustedes, los lectores, quienes esperan la presentación de un nuevo libro.

Los invito no sólo a disfrutar día con día esta obra, sino también a que la compartan con sus amigos, con su familia, porque al regalar este libro brindan aliento y esperanza.

ROGER PATRÓN LUJÁN

PREFACE

The first time I was invited to autograph copies of this book abroad, the reception was overwhelming, as was the presentation of the Spanish-Nahuatl edition in Cuetzalan, Puebla.

Several languages have been chosen to print this gift in bilingual versions.

This new bilingual edition of AN EXCEPTIONAL GIFT has made me realize how eager we are to receive words of encouragement and the importance of putting out bilingual editions to share this experience of hope.

It seems like only yesterday when I gave as gifts the first twenty books of THOUGHTS, the first version of a gift that has been exceptional in bearing learning and blessings.

Like all the other editions, this one invites you not only to enjoy reading it day by day but also to share it with friends and family, for by giving this book as a gift to others you spread encouragement and hope.

ROGER PATRÓN LUJÁN

Prólogo *

Conocí hace muchos años a Roger Patrón, cuando no éramos más que unos niños con ideales puestos en los deportes y en los toros. Hijo de padres con valores de excelencia, con la sensible espiritualidad de la gente de Yucatán.

En esa edad uno está en la búsqueda de ideas que se puedan adoptar y que sirvan de inspiración para la vida diaria, aunque muchas veces cueste trabajo llevarlas a la práctica.

La vida nos hizo hermanos, por eso escribirle con cariño no me cuesta nada...

Cuando fuimos jóvenes, con más capacidad para captar la importancia del factor humano, encontramos, en algunos cursos que impartía el querido maestro Herman Hitz, fórmulas que nos ayudaron a plantear nuestra vida con más lógica. Muy en especial, nuestro amigo Pedro Maus gustaba conservar los pensamientos importantes en tarjetas, a veces enmarcadas, para tenerlas en su despacho y en su casa, y poderlas leer a menudo.

La inquietud de Roger lo ha hecho trabajar varias veces en la creación de una compilación como la que ahora nos ocupa resultado de su esfuerzo, para transmitir a los demás ideas y pensamientos de grandes hombres y mujeres.

El diseño de UN REGALO EXCEPCIONAL parece sacado del transcurso de la vida, pues sus capítulos sobre *Libertad, Amor, Felicidad, Amistad, Hombre-Mujer, Amor filial, Educación, Trabajo y éxito, Riqueza, Humanidad, Comunicación con Dios* y *Madurez,* parecen ser las metas que están a la orilla y al final del camino.

Estoy seguro de que los lectores recibirán esta edición, como las anteriores, con gran beneplácito, ya que cada vez es más necesario poder recurrir a ideas que diariamente nos ayuden con la difícil encomienda de vivir con razón.

Y, para nuestra fortuna, la selección la realizó alguien que pensó por nosotros con anticipación.

El balance adecuado de trabajo, familia, diversión y creencias se alcanza cuando busca uno en estas líneas algo que ilumine la propia actuación.

Este libro no tiene una razón de lucro, sino una razón de servir. Es lo que más admiro en el compilador. Con esto, indudablemente, completa una ilusión mantenida hace tiempo y que ahora puede ofrecer cuando ha alcanzado la madurez.

ALEJANDRO SADA OLIVARES

FOREWORD

I first met Roger Patrón many years ago, when we were both no more than kids with ideals focused on sports and bullfights. His parents had very high standards, characteristic of the sensitive spirituality of the people of Yucatán.

Like others at that age, we were starting out on the discovery of ideas that would guide us in daily life, ideas that often took a good deal of effort to put into practice.

Life made us brothers. That is why writing this prologue is effortless written, as it is, with affection. But let me tell you what I believe the origin of this project was.

When we were young and more sensitive to the importance of human values, our dear teacher, Herman Hitz, taught us several lessons that showed us the way to plan our lives with greater meaning. I also remember our very dear friend, Pedro Maus, who liked to keep important thoughts on cards, which he sometimes framed in order to have ready access to them at home or in his office.

On more than one occasion, Roger's restlessness has led him to work on a compilation such as this, and I believe *An Exceptional Gift* represents the culmination of his efforts. Its objective is to share with others the ideas and thoughts of great men and women.

The framework for this book appears to have been drawn from the course of human life. Its chapters on *Freedom, Love, Happiness, Friendship, Man-Woman, Filial love, Education, Work and success, Wealth, Mankind, Communication with God and Maturity* are nothing less than our goals at the end of the road of experience.

I know readers will readily approve of this new book, as they have of the previous ones. Nowadays, we increasingly find the need to have access to sources such as this, sources that provide us with ideas that help us in the difficult task of living reasonably every day. The selection of these inspiring thoughts was made by someone who anticipated our need.

The proper balance of work, family, amusement and beliefs is reached when we seek in lines like these something to guide our actions.

This book is a nonprofit undertaking. Its sole purpose is to help others. This is what I most admire about Roger. *An Exceptional Gift* culminates his long-lived dream, a dream which he is now able to offer, having had the good fortune of reaping the benefits of maturity.

ALEJANDRO SADA OLIVARES

UN PENSAMIENTO

Cada belleza y cada grandeza de este mundo es creada por una sola emoción o por un solo pensamiento en el interior del hombre.

Cada cosa que vemos hoy, realizada por generaciones pasadas fue, antes de adquirir su apariencia, antes de aparecer, un solo pensamiento en la mente de un hombre, o un solo impulso en el corazón de una mujer.

Las revoluciones, que han derramado tanta sangre, y que han transformado la mente humana para orientarla hacia la libertad, fueron idea de un hombre que vivió entre miles de hombres.

Las devastadoras guerras que han destruido imperios fueron un pensamiento que existió en la mente de un individuo.

Las supremas enseñanzas que han cambiado el destino de la humanidad fueron inicialmente la idea de un hombre cuyo genio lo distinguió de su medio.

Un solo pensamiento hizo que se construyeran las Pirámides, un solo pensamiento fundó la gloria del Islam, y un solo pensamiento causó el incendio de la Biblioteca de Alejandría.

Un solo pensamiento acudirá en la noche a la mente del hombre, y ese pensamiento puede elevarlo hasta la gloria o llevarlo a la locura. Una sola mirada de mujer puede hacer del hombre el más feliz del mundo o el más miserable.

Una sola palabra de un hombre puede hacernos ricos o pobres.

GIBRÁN JALIL GIBRÁN

A THOUGHT *

Every beauty and greatness in this world is created by a single thought or emotion inside a man.

Everything we see today, made by past generations, was before its appearance, a thought in the mind of a man or an impulse in the heart of a woman.

The revolutions that shed so much blood and turned men's minds toward liberty were the idea of one man who lived in the midst of thousands of men.

The devastating wars which destroyed empires were a thought that' existed in the mind of an individual.

The supreme teachings that changed the course of humanity were the idea of a man whose genius separated him from his environment.

A single thought built the pyramids, founded the glory of Islam and caused the burning of the library at Alexandria.

A thought which overwhelms us in the quiet of the night may lead us either to glory or to madness. The brief, serene glance of a woman may transform us into the happiest or the most wretched of men.

A single word can make a poor man rich or transform a life of opulence into the misfortune of a pauper.

KAHLIL GIBRAN

LIBERTAD
FREEDOM

La libertad, aunada al amor, nos hace ser hombres.

Freedom combined with love makes us men.

ROGER PATRÓN LUJÁN

LA LIBERTAD DE SER YO MISMO *

Creo saber lo que quiero.
He aquí las cosas que me harían feliz. No desearé otras.

Quiero una habitación propia, donde pueda trabajar. Un cuarto que no sea
particularmente limpio ni ordenado. Quiero una habitación cómoda, íntima
y familiar.

Una atmósfera llena de olor a libros y de aromas inexplicables.
Una gran variedad de libros, pero no demasiados... sólo aquellos que pueda
leer o que vaya a leer de nuevo, contra la opinión de todos los críticos
literarios del mundo. Ninguno que requiera mucho tiempo para leerse,
ninguno que tenga un argumento constante, ni que ostente demasiado el
esplendor frío de la lógica.

Deseo tener la ropa de caballero que he usado algún tiempo y un par de zapatos
viejos. Quiero la libertad de usar tan poca ropa como me venga en gana.

Quiero tener un hogar donde pueda ser yo mismo.
Quiero escuchar la voz de mi esposa y la risa de mis hijos en la planta
alta, mientras yo trabajo en el piso inferior, y quiero oírlos en el piso de
abajo cuando yo esté trabajando arriba.

Quiero niños que sean niños, que salgan conmigo a jugar en la lluvia y que
disfruten del baño de regadera tanto como yo.

Quiero un pedazo de tierra en el que mis hijos puedan construir casas de
ladrillo, alimentar a sus pollos y regar las flores.

Quiero oír el canto del gallo por las mañanas.
Quiero que en el vecindario haya árboles viejos y frondosos.

Quiero algunos buenos amigos que me sean tan familiares como la vida
misma, amigos con los que no necesite ser cortés y que me cuenten sus
problemas; que sean capaces de citar a Aristóteles y contar algunos chistes
subidos de color; amigos que sean espiritualmente ricos y que puedan hablar
de filosofía y usar palabras pesadas con la misma sinceridad; amigos que
tengan aficiones claras y una opinión definida sobre la gente y las cosas; que
tengan sus creencias particulares y respeten las mías.

Quiero tener una buena cocinera que sepa guisar verduras y hacer sopas
deliciosas. Quiero un sirviente viejo, viejísimo, que piense que soy un gran
hombre aunque no sepa en qué reside mi grandeza.

Quiero una buena biblioteca, unos buenos puros y una mujer que me
comprenda y me deje en libertad para trabajar.

¡En fin, quiero tener la libertad de ser yo mismo!

LIN YUTANG

THE FREEDOM TO BE MYSELF

I think I know what I want. Here are the things that would make me happy.
I shall not want other things.

I want a room of my own where I can work, a room that is neither particularly clean nor orderly but a room comfortable and intimate and familiar.

An atmosphere full of smoke and the smell of books and unaccountable odors. On the shelf overlying the couch are books, a good variety of them, but not too many... only those I can read or have read with profit again, against the opinion of all the book reviewers of the world. None that takes too long to read, none that has a sustained argument and none that has too much cold splendor of logic.

I want some decent gentlemen's clothing that I have worn for some time and a pair of old shoes. I want the freedom to wear as little as I care to.

I want a home where I can be myself.
I want to hear my wife's voice and the children's laughter upstairs when I am working downstairs, and downstairs when I am working upstairs.

I want children who are children, who will go with me to play in the rain, and who enjoy a shower bath as much as I do.

I want a patch of ground where my children can build brick houses and feed chickens and water flowers.

I want to hear a cock crow cock-a-doodle-do in the morning.
I want tall, flowering trees in the neighborhood.

I want some good friends, friends who are as familiar as life itself, friends to whom I need not be polite and who will tell me all their troubles, matrimonial or otherwise, who can quote Aristotle and crack some off-color jokes, friends who are spiritually rich and who can swear and philosophize with the same candor, friends who have definite hobbies and opinions about persons and things, who have their private beliefs and respect mine.

I want a good cook who knows how to cook vegetables and make delicious soups. I want an old, old servant who thinks I am a great man but does not know where my greatness is.

I want a good library, some good cigars and a woman who understands me and leaves me free to do my work.

I want the freedom to be myself.

LIN YUTANG

LA LIBERTAD *

La libertad, Sancho, es uno de los más preciosos dones que a los hombres dieron los cielos.

Con ella no pueden igualarse los tesoros que encierra la tierra ni el mar encubre; por la libertad, así como por la honra, se puede y debe aventurar la vida.

Y, por el contrario, el cautiverio es el mayor mal que puede venir a los hombres.

MIGUEL DE CERVANTES SAAVEDRA

¡Sí! A esta creencia me atengo por completo;
ésta es la última conclusión de la sabiduría:

Sólo merece su libertad, como su vida,
quien diariamente las conquista.

JOHANN WOLFGANG GOETHE

Es verdad que el cambio conlleva el riesgo del fracaso,
ésa es la principal razón del temor a la libertad.

Pero también es verdad que en la vida no hay errores,
sólo lecciones que aprender.

ANÓNIMO

Todo hombre tiene libertad para hacer lo que quiera,
siempre y cuando no infrinja la libertad de otro hombre.

HERBERT SPENCER

LIBERTY

Liberty, Sancho, is one of the most precious gifts that Heaven has bestowed on mankind; all the treasures of the earth within its bosom or the ocean within its depths cannot be compared with it. For liberty, as well as for honor, man ought to risk even his life.

And on the other hand, captivity is the greatest evil that life can bring to men.

MIGUEL DE CERVANTES SAAVEDRA

Yes! To this thought I hold with firm persistence;
the last result of wisdom stamps it true:

Whoever earns his freedom and existence
must daily conquer them anew.

JOHANN WOLFGANG GOETHE

It is true that change entails the risk of failure,
and this is the principal reason to fear freedom.

But it is also true that there are no errors in life,
merely lessons to learn.

ANONYMOUS

All men are free to do as they wish,
as long as they do not violate the freedom of others.

HERBERT SPENCER

Viajar *

Viajar es marcharse de casa
es dejar los amigos
es intentar volar.
Volar conociendo otras ramas
recorriendo caminos
es intentar cambiar.

Viajar es vestirse de loco
es decir "no me importa"
es querer regresar.
Regresar valorando lo poco
saboreando una copa
es desear empezar.

Viajar es sentirse poeta
escribir una carta
es querer abrazar.
Abrazar al llegar a una puerta
añorando la calma
es dejarse besar.

Viajar es volverse mundano
es conocer otra gente
es volver a empezar.
Empezar extendiendo la mano
aprendiendo del fuerte
es sentir soledad.

Viajar es marcharse de casa
es vestirse de loco
diciendo todo y nada con una postal.
Es dormir en otra cama,
sentir que el tiempo es corto.

Viajar es regresar.

GABRIEL GAMAR

To travel

To travel is to leave home,
to leave friends,
to seek to fly.
To fly, discovering other realms,
wandering down roads,
to strive to change.

To travel is to dress like a fool,
to say, "I don't care",
a desire to return.
To return, valuing small things,
savoring a drink,
to seek to begin.

To travel is to feel like a poet,
to write a letter,
a desire to embrace.
To embrace at a doorstep
while longing for calm
to let yourself be kissed.

To travel is to become worldly,
to meet new people,
to start over again.
To begin, reaching out your hand,
learning from the strong
is to feel solitude.

To travel is to leave home,
to dress like a fool
saying everything and nothing with a postcard.
It is to sleep in another bed,
to feel that time is short.

To travel is to return.

GABRIEL GAMAR

El verdadero disfrute

Éste es el verdadero disfrute de la vida: ser utilizado para un propósito. Reconocer en uno mismo a alguien poderoso.

Ser una fuerza de la naturaleza en lugar de un individuo egoísta, pequeño, inestable, lleno de temores y achaques, quejándose porque el mundo no se dedica a hacerlo feliz.

Creo que mi vida pertenece a toda la humanidad y, mientras yo viva, es mi privilegio hacer por ella cuanto pueda.

Quiero ser utilizado totalmente antes de morir. Entre más duro trabaje más demostraré mi amor, mi regocijo en la vida por la vida misma.

Para mí, la vida no es una vela efímera.

Es una antorcha espléndida a la que estoy asido por el momento, y quiero que se queme con el mayor brillo posible antes de entregarla a las generaciones futuras.

GEORGE BERNARD SHAW

La libertad suele ir vestida de harapos; pero aun así,
es muy bella, más bella que todas las libreas de oro y plata.

AMADO NERVO

No estoy de acuerdo con lo que dices, pero hasta con mi vida defenderé el derecho que
tienes de decir lo que piensas.

VOLTAIRE

THE TRUE JOY IN LIFE *

This is the true joy in life, being used for a purpose recognized by yourself as a mighty one.

Being a force of nature instead of a feverish, selfish little clod of ailments and grievances complaining that the world will not devote itself to making you happy.

I am of the opinion that my life belongs to the whole community, and as long as I live it is my privilege to do for it whatever I can.

I want to be thoroughly used up when I die, for the harder I work the more I love. I rejoice in life for its own sake.

Life is no brief candle for me.

It is a sort of splendid torch which I have got hold of for the moment, and I want to make it burn as brightly as possible before handing it on to future generations.

GEORGE BERNARD SHAW

Liberty often goes around dressed in rags, but even so, she is very beautiful, more beautiful than all the livery of gold and silver.

AMADO NERVO

I disapprove of what you say, but I will defend to death your right to say it.

VOLTAIRE

Amor

Love

No hay nada más maravilloso que el amor.

There is nothing more marvelous than love.

Roger Patrón Luján

LLÉNALO DE AMOR *

Siempre que haya un hueco en tu vida,
llénalo de amor.

Adolescente, joven, viejo:

siempre que haya un hueco en tu vida,
llénalo de amor.

En cuanto sepas que tienes delante de ti un tiempo baldío,
ve a buscar amor.

      No pienses: sufriré.
      No pienses: me engañarán.
      No pienses: dudaré.

Ve, simplemente, diáfanamente, regocijadamente,
en busca del amor.

¿Qué índole de amor?
No importa.

Todo amor está lleno de excelencia y de nobleza.

Ama como puedas, ama a quien puedas, ama todo lo que puedas...
   pero ama siempre.

No te preocupes por la finalidad del amor.
Él lleva en sí mismo su propia finalidad.

No te juzgues incompleto porque no responden a tus ternuras;
el amor lleva en sí su propia plenitud.

   ¡Siempre que haya un hueco en tu vida,
   llénalo de amor!

AMADO NERVO

El amor vence a la muerte pero, a veces, una mala costrumbre sin importancia vence al amor.

MARIE VON EBNER-ESCHENBACH

FILL IT WITH LOVE

Whenever there is emptiness in your life,
fill it with love.

Adolescent, youth, old man,

Whenever there is emptiness in your life,
fill it with love.

Whenever you have an unoccupied period of time,
go in search of love.

>Don't think: I shall suffer.
>Don' t think: they will deceive me.
>Don't think: I will doubt.

Go simply, unaffectedly, joyously
in search of love.

What kind of love?
It does not matter.

All love is filled with excellence and nobility.

Love as you can, love whom you can, love all you can...
but always love.

Do not worry about the outcome of your love;
love bears its own purpose within itself.

Do not judge yourself incomplete if your tenderness goes unheeded;
love bears its own fulfillment within itself.

Whenever there is emptiness in your life,
fill it with love!

AMADO NERVO

Love defeats death, but sometimes a trivial bad habit defeats love.

MARIE VON EBNER-ESCHENBACH

ÁMENSE

Ustedes nacieron el uno para el otro y estarán juntos para siempre.
Estarán juntos cuando las alas de la muerte esparzan sus días.
Sí, estarán juntos aun en la memoria silenciosa de Dios.

Pero dejen que haya espacios en su cercanía,
y dejen que las brisas de los cielos bailen entre ustedes.

Ámense el uno al otro, mas no hagan del amor una atadura:
dejen que haya un mar en movimiento entre las playas de sus almas.

Llénense mutuamente las copas, pero no beban de una sola copa.
Compartan su pan, pero no coman del mismo trozo.

Canten, bailen y alégrense, pero que cada uno sea independiente;
aun las cuerdas del laúd están solas, aunque vibren con la misma música.

Den su corazón, pero no en prenda,
pues sólo la mano de la vida puede contener los corazones.

Y permanezcan juntos, pero no demasiado;
porque los pilares del templo están aparte,
y ni el roble crece bajo la sombra del ciprés, ni el ciprés bajo la del roble.

GIBRÁN JALIL GIBRÁN

Si la vida fuese como un árbol, que extiende ampliamente sus ramas de modo que todos y cada uno pudiesen guarecerse bajo su sombra, entonces podríamos comprender lo que es el amor.

RAJNEESH BHAGWAN SHREE

La ausencia aviva el amor, la presencia lo fortalece.

THOMAS FULLER

LOVE ONE ANOTHER *

You were born together, and together you shall be for evermore.
You shall be together when the white wings of death scatter your days.
Aye, you shall be together even in the silent memory of God.

But let there be spaces in your togetherness,
and let the winds of the heavens dance between you.

Love one another, but make not a bond of love:
let it rather be a moving sea between the shores of your souls.

Fill each other's cup but drink not from one cup.
Give one another of your bread but eat not from the same loaf.

Sing and dance together and be joyous, but let each one of you be alone,
even as the strings of a lute are alone though they quiver with the same music.

Give your hearts, but not into each other's keeping,
for only the hand of Life can contain your hearts.

And stand together yet not too near together;
for the pillars of the temple stand apart,
and the oak tree and the cypress grow not in each other's shadow.

KAHLIL GIBRAN

If life were like a tree, widely spreading its branches so that all and each one of us could take refuge under its shade, then we could understand what love is.

RAJNEESH BHAGWAN SHREE

Absence sharpens love, presence strengthens it.

THOMAS FULLER

MIS RELACIONES CON LOS DEMÁS

Tú y yo vivimos una relación que valoro y quiero conservar. Sin embargo, cada uno de nosotros es una persona diferente, con sus propias necesidades y el derecho de satisfacerlas.

Cuando tú tengas dificultades para resolver tus problemas, trataré de escucharte cordialmente y ayudarte, con el objeto de que encuentres tus propias soluciones, en lugar de depender de las mías.

De la misma manera, trataré de respetar tu derecho a escoger tus propias ideas y a desarrollar tus propios valores, aunque sean diferentes de los míos.

Cuando tu actividad interfiera con lo que debo hacer para la satisfacción de mis necesidades, te comunicaré abierta y honestamente cómo me afecta tu conducta, confiando en que tú me comprenderás y ayudarás en lo que puedas.

De la misma manera, cuando alguno de mis actos te sea inaceptable, espero que me comuniques con sinceridad tus sentimientos. Te escucharé y trataré de cambiar.

En las ocasiones en que descubramos que ninguno de los dos puede cambiar su conducta para satisfacer las necesidades del otro, reconozcamos que tenemos un conflicto que requiere solución. Comprometámonos, entonces, a resolver cada uno de estos conflictos, sin recurrir al uso del poder o de la autoridad, para tratar de vencer a expensas de la derrota del otro.

Respeto tus necesidades, pero también quiero que respetes las mías. Esforcémonos siempre para encontrar una solución aceptable para ambos. Tus necesidades serán satisfechas y también las mías. Ambos venceremos y ninguno será derrotado.

De esta forma, tú podrás continuar tu desarrollo como persona mediante la satisfacción de tus necesidades y yo también podré hacerlo; nuestra relación será lo suficientemente positiva para que, en ella, cada uno de nosotros pueda esforzarse para llegar a ser lo que es capaz de ser.

Así podremos continuar relacionándonos el uno y el otro con respeto, amor y paz mutuos.

THOMAS GORDON

La vida es una flor cuya miel es el amor.

VÍCTOR HUGO

My relationships with others *

You and I live in a relationship which I value and wish to maintain. However, each of us is a different person with his own needs and the right to satisfy them.

When you are in trouble solving your problems, I will try to listen to you and to help you in finding your own solutions, rather than depending on mine.

In the same manner, I will try to respect your right to choose your own ideas and to develop your own values, although these might be different from mine.

When your actions interfere with what I must do to satisfy my needs, I will tell you, openly and honestly, how your behavior affects me, trusting that you will understand and help in what you can.

In the same manner, when one of my actions is unacceptable to you, I hope that you will, in all sincerity, communicate your feelings to me. I will listen to you and I will try to change.

On those occasions when we find that neither of us can change our behavior to satisfy the needs of the other one, we will recognize that we have a conflict that requires a solution. We will then commit ourselves to solving each of these conflicts without recourse to the use of power or of authority, trying to win at the expense of the other's loss.

I respect your needs, but I also want you to respect mine.
Let us always try to find a solution that is acceptable to both of us.
Your needs will be satisfied as will be mine.
Both of us will win and neither of us will lose.

This way, you will continue with your development as a person through the satisfaction of your needs, and so will I. Our relationship can be sufficiently positive to ensure that, within it, each of us can make an effort to achieve that of which we are capable.

And we will be able to continue relating to each other with mutual respect, love and peace.

Thomas Gordon

Life is a flower, whose nectar is Love.

Victor Hugo

PREEMINENCIA DEL AMOR

Si yo hablase lenguas humanas y angélicas, y no tengo amor,
vengo a ser como el metal que resuena o el címbalo que tañe.

Y si tuviese el don de la profecía,
y entendiese todos los misterios y toda la ciencia,
y si tuviese toda la fe de tal manera que trasladase montañas,
y no tengo amor, nada soy.

Y si repartiese todos mis bienes para dar de comer a los pobres,
y si entregase mi cuerpo para ser quemado,
y no tengo amor, de nada me sirve.

El amor es paciente, es benigno,
el amor no tiene envidia,
no es jactancioso, no se envanece.

El amor no hace nada indebido, no es egoísta,
no se irrita, no guarda rencor,
no disfruta de la injusticia, mas se goza en la verdad.

El amor todo lo sufre, todo lo cree,
todo lo espera, todo lo soporta.

El amor no acaba nunca.

Desaparecerán las profecías,
cesarán las lenguas.

Porque parcial es nuestra ciencia y parcial nuestra profecía,
cuando venga lo perfecto, desaparecerá lo parcial.

Cuando yo era niño, hablaba como niño,
pensaba como niño, razonaba como niño;
al hacerme hombre, dejé todas las cosas de niño.

Ahora vemos en un espejo, en enigma.
Entonces veremos cara a cara,
ahora conozco de un modo parcial,
pero entonces conoceré como soy conocido.

Ahora subsisten la fe, la esperanza y el amor,
estas tres, pero la mayor de todas ellas es el amor.

SAN PABLO

PRE-EMINENCE OF LOVE *

If I speak in the tongues of men and of angels, but have not love,
I am a noisy gong or a clanging cymbal.

And if I have prophetic powers,
and understand all mysteries and all knowledge,
and if I have all faith, so as to remove mountains,
but have not love, I am nothing.

If I give away all I have,
and if I deliver my body to be burned,
but have not love, I gain nothing.

Love is patient and kind;
love is not jealous or boastful;
it is not arrogant or rude.

Love does not insist on its own way;
it is not irritable or resentful;
it does not rejoice at wrong, but rejoices in the right.

Love bears all things, believes all things,
hopes all things, endures all things.

Love never ends.

As for prophecies, they will pass away;
as for tongues, they will cease;
as for knowledge, it will pass away.

For our knowledge is imperfect and our prophecy is imperfect;
but when the perfect comes, the imperfect will pass away.

When I was a child, I spoke like a child,
I thought like a child, I reasoned like a child;
when I became a man, I gave up childish ways.

For now we see in a mirror dimly, but then face to face.
Now I know in part; then I shall understand fully,
even as I have been fully understood.

So faith, hope, love abide, these three;
but the greatest of these is love.

SAINT PAUL

EL FRUTO

El fruto del silencio es la fe.

El fruto de la fe es la oración.

El fruto de la oración es el amor.

El fruto del amor es el servicio.

El fruto del servicio es la paz.

MADRE TERESA DE CALCUTA

Ama y haz lo que quieras,
si callas, callarás con amor;
si gritas, gritarás con amor;
si perdonas, perdonarás con amor.

Si está dentro de ti la raíz del amor
ninguna otra cosa sino el bien podrá salir de tal raíz.

SAN AGUSTÍN

Mientras tememos conscientemente no ser amados, el temor real, aunque habitualmente inconsciente, es el de amar.

Amar significa comprometerse sin garantías, entregarse totalmente con la esperanza de producir amor en la persona amada.

El amor es un acto de fe, y quien tenga poca fe también tendrá poco amor.

ERICH FROMM

THE FRUIT *

The fruit of Silence is Faith.

The fruit of Faith is Prayer.

The fruit of Prayer is Love.

The fruit of Love is Service.

The fruit of Service is Peace.

MOTHER THERESA OF CALCUTTA

Love and do as you wish;
if you remain silent, do so with love;
if you shout, shout with love;
if you admonish, correct with love;
if you forgive, forgive with love.

If the root of love is within you,
nothing bat good will grow from that root.

SAINT AUGUSTINE

As long as we are consciously fearful of not being loved, although usually
unconscious, our real fear is to love.

To love is to commit oneself unconditionally, to give of oneself completely with the
hope of generating love in the loved one.

Love is an act of faith, and he who has little faith will also have little love.

ERICH FROMM

FELICIDAD

HAPPINESS

Si dejas de dar, renuncias a vivir.

If you stop giving, you give up living.

ROGER PATRÓN LUJÁN

El arte de la felicidad *

La felicidad no depende de lo que pasa a nuestro alrededor, sino de lo que pasa dentro de nosotros; la felicidad se mide por el espíritu con el cual nos enfrentamos a los problemas de la vida.

La felicidad es un asunto de valentía; es tan fácil sentirse deprimido y desesperado.

La felicidad es un estado de ánimo; no somos felices en tanto no decidamos serlo.

La felicidad no consiste en hacer siempre lo que queramos, sino en querer todo lo que hagamos.

La felicidad nace de poner nuestro corazón en nuestro trabajo, y de hacerlo con alegría y entusiasmo.

La felicidad no tiene recetas; cada quien la prepara con el sazón de su propia meditación.

La felicidad no es una posada en el camino sino una forma de caminar por la vida.

Anónimo

Los sufrimientos nos pulen el alma, mientras que las alegrías le dan brillo.

Stefano Tanasescu Morelli

Las vacaciones se parecen al amor: las esperamos con anhelo, las vivimos con contrariedades y las recordamos con nostalgia.

Anónimo

Si lloras por haber perdido el Sol, las lágrimas te impedirán ver las estrellas.

Rabindranath Tagore

THE ART OF HAPPINESS

Happiness does not depend on what happens around us but on what happens within us; happiness is measured by the spirit with which we confront the problems of life.

Happiness is a matter of courage; it is so easy to feel depressed and desperate.

Happiness is a mood; we will not be happy as long as we do not wish to be so.

Happiness does not consist of always doing what we want but of loving to do all that we do.

Happiness is born when we put our hearts into our work with joy and enthusiasm.

Happiness is not found in recipes; each one prepares it with the seasoning of his own meditation.

Happiness is not a roadside inn but a way of walking through life.

ANONYMOUS

Sufferings polish the soul, while joys make it shine.

STEFANO TANASESCU MORELLI

A vacation is similar to love: we look forward to it with longing, we experience it with obstacles, and look back on it with nostalgia.

ANONYMOUS

If you cry because the sun has gone out of your life, your tears will prevent you from seeing the stars.

RABINDRANATH TAGORE

¡Carpe Diem! *

¡Carpe Diem!

Goza mientras vivas;
disfruta tu día;
vive la vida al máximo;
sácale el mejor provecho a lo que posees.

¡Es más tarde de lo que crees!

HORACIO

La felicidad de hoy
no es grano para ser almacenado en una caja,
no es vid para quedarse en una vasija,
no puede conservarse para mañana,
debe sembrarse y cosecharse el mismo día.

ANÓNIMO

A una mujer que se quejaba de que las riquezas no habían conseguido hacerla feliz,
le dijo el Maestro:

"Hablas como si el lujo y la comodidad fueran ingredientes de la felicidad cuando, de
hecho, lo único que necesitas para ser realmente feliz es algo por qué entusiasmarte".

SABIDURÍA ORIENTAL

Dar produce más felicidad que recibir, no porque sea una expresión de privación
sino porque, en el acto de dar, está la expresión de mi vitalidad.

ANÓNIMO

CARPE DIEM!

Seize the day!

Rejoice while you are alive;
enjoy the day;
live life to the fullest;
make the most of what you have.

It is later than you think!

HORACE

*Today's happiness
is not grain to be stored in a crate,
it is not wine to be kept in a flask,
it cannot be preserved for tomorrow,
it must be planted and harvested on the same day.*

ANONYMOUS

To a woman who complained that riches had not made her happy, the Teacher said:

"You talk as though luxury and comfort were the ingredients of happiness when in fact the only thing that you need to be happy is something to be enthusiastic about".

ORIENTAL WISDOM

Giving provides me with more happiness than receiving, not because it is an expression of deprivation, but because in the act of giving I find the expression of my vitality.

ANONYMOUS

SÓLO POR HOY

Sólo por hoy trataré de vivir únicamente este día, sin abordar a la vez todo el problema de la vida. Puedo hacer en doce horas cosas que me espantarían si tuviese que mantenerlas durante una vida entera.

Sólo por hoy seré feliz. Esto supone que es verdad lo que dijo Abraham Lincoln: *"La mayoría de las personas son tan felices como deciden serlo"*.

Sólo por hoy trataré de vigorizar mi espíritu.
Aprenderé algo útil. No seré un haragán mental.
Leeré algo que requiera esfuerzo, meditación y concentración.

Sólo por hoy trataré de ajustarme a lo que es y no trataré de ajustar todas las cosas a mis propios deseos. Aceptaré a mi familia, mis negocios y mi suerte tal como son, y procuraré adaptarme a todo ello.

Sólo por hoy ejercitaré mi alma de tres maneras; haré a alguien algún bien sin que él lo descubra. Y haré dos cosas que no me agrade hacer, solamente, como dice William James, *para ejercitarme*.

Sólo por hoy no le mostraré a nadie que mis sentimientos están heridos.

Sólo por hoy seré agradable. Tendré el mejor aspecto que pueda, me vestiré con la mayor corrección, hablaré en voz baja, me mostraré cortés, seré generoso en la alabanza, no criticaré a nadie, no encontraré defectos en nada y no intentaré mejorar o regular a nadie que no sea a mí mismo.

Sólo por hoy tendré un programa.
Consignaré por escrito lo que espero hacer cada hora.
Cabe que no siga exactamente el programa, pero lo tendré.

Eliminaré dos plagas: la prisa y la indecisión.

Sólo por hoy tendré media hora tranquila de soledad y descanso. En esta media hora meditaré, con el fin de conseguir una mejor perspectiva de mi vida.

Sólo por hoy no tendré temor y, especialmente, no tendré temor de ser feliz, de disfrutar lo bello, de amar y de creer que los que amo, me aman.

KENNETH L. HOLMES

Los sueños son la esperanza perenne de nuestra vida y la energía que nos hace vivir: ¡Aférrate a ellos!

IRENE FOHRI

JUST FOR TODAY *

Just for today, I will try to live through this day only, and not tackle my whole life's problems at once. I can do things for twelve hours that would appall me if I felt that I had to keep them up for a lifetime.

Just for today, I will be happy. This takes to be true what Abraham Lincoln said, that *"Most folks are as happy as they make up their minds to be."*

Just for today, I will try to strengthen my mind. I will study. I will learn something useful. I will not be a mental loafer. I will read something that requires effort, thought and concentration.

Just for today, I will adjust myself to what is and not try to adjust everything to my own desires. I will take my luck as it comes and fit myself to it.

Just for today I will exercise my soul in three ways; I will do somebody a good turn without his knowing. I will do at least two things I don't want to do, as William James suggests, *just for exercise.*

I will not show anyone that my feelings are hurt; they may be hurt, but today I will not show it.

Just for today I will be agreeable. I will look as well as I can, dress as becomingly as possible, will speak softly, act courteously, criticize no one, nor find fault with anything and will not try to improve or regulate anybody except myself.

Just for today I will have a program.
I may not follow it exactly, but I will have it.

It will save me from two pests: hurry and indecision.

Just for today I will have a quiet half-hour all by myself and relax. During this half- hour I will try to get a better perspective of my life.

Just for today I will be unafraid. Especially, I will not be afraid to enjoy what is beautiful, to love, and to believe that those I love, love me.

KENNETH L. HOLMES

Dreams are the eternal hope of our life and the energy that makes us alive.

IRENE FOHRI

Cómo ser feliz *

Al abrir los ojos por la mañana, dite a ti mismo:

¡Qué maravilloso es estar con vida! Este día me debe ir mucho mejor que ayer.

Nunca te olvides de que tú controlas tu propia vida. Convéncete: "Yo estoy a cargo de lo que me pase, yo soy el único responsable".

Alégrate cuando te dirijas a tu trabajo. Siéntete feliz de contar con un empleo en estos tiempos de crisis económica.

Aprovecha al máximo tus ratos de ocio. No te sientes ni empieces a flojear cuando puedes estar divirtiéndote o disfrutando de algún pasatiempo.

No te dejes agobiar por tus problemas económicos. Para la mayoría de nosotros, que no podemos darnos el lujo de ser extravagantes, sencillamente ahorrar dinero para adquirir un artículo caro puede darnos un sentimiento de gran satisfacción.

No te compares con los demás; la gente que lo hace tiende a la melancolía.

Sé menos crítico. Acepta tus limitaciones y las de tus amigos.
Concéntrate en tus habilidades y en las de ellos. Mejora tu sentido del humor.
No te tomes demasiado en serio. Trata de encontrarle el lado humorístico a los momentos de adversidad.Toma tu tiempo. No trates de hacer todo a la vez.

Sonríe más, más a menudo, a más gente.

   ¡Felicidades!

El tiempo te obsequia un libro en blanco.
Lo que en él escribas será de tu propia inspiración.

De ti depende elegir la tinta arco iris de la dicha o la gris y opaca del desaliento y la amargura; las palabras dulces y hermosas del lenguaje del amor o el relato tenebroso y destructor del odio.

   ¿Qué escribirás, amigo, en cada día que falta por llenar?

                                                        Anónimo

Lo que pasa es siempre lo mejor.

                                          Rodolfo Patrón Tenorio

How to be happy

When you open your eyes in the morning, say to yourself:

How great it is to be alive! Today will be much better than yesterday.

Never forget that you control your own life. Convince yourself: "I'm in charge of what happens to me, I'm the only one responsible".

Be happy when you go to work. Feel fortunate that you have a job in these times of economic hardship.

Take full advantage of your free time. Don't sit or start being lazy when you could be having a good time or enjoying some pastime.

Don't let yourself get overwhelmed by your financial problems.
For most of us, who cannot afford the luxury of extravagance, simply saving money to buy an expensive article can give us great satisfaction.

Don't compare yourself with other people. Those who do this tend to be melancholy.

Be less critical. Accept your own limitations as well as those of your friends. Concentrate on your abilities and on theirs. Improve your sense of humor. Don't take yourself too seriously, try to find the humorous side in moments of adversity. Take your time. Don't try to do everything at once.

Smile more, more often and at more people.

Congratulations!

Time gives you a blank book.
What you write in it will be from your own inspiration.

It will depend on you whether you choose the rainbow ink of fortune or the gray and hazy ink of disappointment and bitterness, whether you inscribe sweet and beautiful words in the language of love, or gloomy, destructive accounts of hatred.

My friend, what will you write on each day waiting to be filled?

Anonymous

Whatever happens is always for the best.

Rodolfo Patrón Tenorio

DESIDERATA

Camina serenamente entre el ruido y la agitación, piensa que puede haber paz en el silencio. Hasta donde sea posible y sin rendirte, trata de estar en buenos términos con todo el mundo.

Di tu verdad serena y claramente; escucha a los demás, hasta a los torpes e ignorantes; ellos también tienen su historia.

Evita a las personas agresivas y escandalosas, pues son un fastidio para el espíritu. Si te comparas con los demás puedes ser vanidoso o amargado, porque siempre habrá personas más capaces y personas menos capaces que tú.

Disfruta de tus éxitos y de tus planes, igual que de tus fracasos.

Guarda interés en tu propia profesión, por humilde que sea; es una posesión real en las vicisitudes del tiempo.

Sé cuidadoso, pues el mundo está lleno de trampas, mas no dejes que esto te ciegue a la virtud que existe; muchas personas están luchando por altos ideales y donde quiera la vida está llena de heroísmo.

¡No pierdas los estribos! Sobre todo, no muestres afecto cuando no lo sientas; tampoco seas cínico en el amor porque, a pesar de toda la aridez y el desencanto, éste es eterno como la hierba.

Acepta con cariño el paso de los años y entrega con gracia las cosas de la juventud.

Alimenta la fuerza del espíritu para que te proteja y sostenga en la desgracia repentina. No te atormentes con la imaginación; muchos temores nacen de la fatiga y la soledad.

Sigue una autodisciplina saludable, pero sé gentil contigo mismo.

Tú eres una criatura del Universo, igual que los árboles y las estrellas; tú tienes derecho a estar aquí y, sea o no claro para ti, no hay duda de que el Universo marcha como debe.

Por eso debes estar en paz con Dios, cualquiera que sea tu idea de Él.

Y no importa cuáles sean tus labores y aspiraciones, conserva la paz de tu alma en la bulliciosa confusión de la vida.

Aun con toda su farsa, trabajos fatigosos y sueños fallidos, el mundo es muy hermoso.

Sé cauto. ¡Esfuérzate por ser feliz!

MAX EHRMANN

DESIDERATA *

Go placidly amid the noise and the haste, and remember what peace there may be in silence. As far as possible without surrender be on good terms with all people.

Speak your truth quietly and clearly; and listen to others, even to the dull and ignorant; they too have their story.

Avoid loud and aggressive people, they are vexatious to the spirit.
If you compare yourself with others, you may become vain or bitter; for always there will be greater and lesser persons than yourself.

Enjoy your achievements as well as your plans.

Keep interested in your own career, however humble; it is a real possession. in the changing fortunes of time.

Exercise caution in your business affairs; for the world is full of trickery.
But let not this blind you to what virtue there is; many people strive for high ideals; and everywhere life is full of heroism.

Be yourself. Especially, do not feign affection. Neither be cynical about love; for in the face of all aridity and disenchantment it is as perennial as the grass.

Take kindly the counsel of the years, gracefully surrendering the things of youth.

Nurture strength of spirit to shield you in sudden misfortune. But do not distress yourself with dark imaginings. Many fears are born of fatigue and loneliness.

Beyond a wholesome discipline be gentle with yourself.

You are a child of the universe, no less than the trees and stars; you have a right to be here. And whether or not it is clear to you, no doubt the universe is unfolding as it should.

Therefore be at peace with God, whatever you conceive Him to be.

And whatever your labors and aspirations in the noisy confusion of life keep peace in your soul.

With all its sham, drudgery and broken dreams, it is still a beautiful world.

Be careful. Strive to be happy!

MAX EHRMANN

Amistad

Friendship

Un amigo es como un faro, su luz nos guía.

A friend is like a lighthouse whose his light guides us.

Roger Patrón Luján

La amistad *

Es el más noble y sencillo de los sentimientos.

Crece al amparo del desinterés, se nutre dándose y florece con la comprensión.

Su sitio está junto al amor, porque la amistad es amor.

Sólo los honrados pueden tener amigos, porque la amistad no admite cálculos, ni sombras, ni dobleces.

Exige, en cambio, sacrificio y valor, comprensión y verdad; verdad sobre todas las cosas.

HORACIO E. RATTI

Un amigo fiel es una defensa sólida, y aquel que lo ha encontrado, ha encontrado un tesoro.

ECLESIASTÉS

En la prosperidad, nuestros amigos nos conocen.
En la adversidad, nosotros los conocemos.

J. CHURTON

Friendship

Is the noblest and simplest of the feelings.

It grows in the shade of selflessness, it is nourished by giving of itself and it flowers with understanding.

Its place is next to love, because friendship is love.
Only the honorable can have friends, because friendship does not allow conjecture, shadows or deceit.

In turn, it demands sacrifice, courage, understanding and truth; above all truth.

HORACIO E. RATTI

A faithful friend is a solid defense; he who finds one finds a treasure.

ECCLESIASTES

In prosperity, our friends know who we are; in adversity, we know who our friends are.

J. CHURTON

Un amigo*

Si tienes un amigo, has merecido un don divino.

La amistad leal, sincera, desinteresada, es la verdadera comunión entre las almas. Es más fuerte que el amor, porque éste suele ser celoso, egoísta y vulnerable. La verdadera amistad perdura y se fortalece a través del tiempo y la distancia.

No se necesita ver frecuentemente al amigo para que la amistad perdure; basta saber que éste responderá cuando sea necesario, con un acto de afecto, de comprensión y aun de sacrificio.

La amistad no se conquista, no se impone; se cultiva como una flor; se abona con pequeños detalles de cortesía, de ternura y de lealtad; se riega con las aguas vivas del desinterés y del cariño silencioso. No importan las distancias, los niveles sociales, los años o las culturas. La amistad lo borra todo.

El recuerdo del amigo lejano, del amigo de la niñez o de la juventud, produce la íntima alegría de haberlos conocido. Nuestra vida se enriqueció con su contacto, por breve que haya sido.

La felicidad del amigo nos da felicidad. Sus penas se vuelven nuestras porque hay un maravilloso lazo invisible que une a los amigos. La amistad es bella sobre toda ponderación.

¡Para quien tiene un amigo, no existe la soledad!

Anónimo

Un amigo es un hermano que elegimos.

Francisco J. Droz

La amistad del hombre es con frecuencia un apoyo; la de la mujer es siempre un consuelo.

Johann Paul Richter

A FRIEND

If you have a friend, you have deserved a divine gift.

Loyal, sincere, disinterested friendship is the true communion of souls.
It is stronger than love, because love tends to be jealous, egotistic and vulnerable.
True friendship endures and is strengthened through time and distance.

Friends do not need to see each other frequently in order for friendship to
endure; it is enough to know that the friend will respond whenever necessary
with an act of affection, understanding or even of sacrifice.

Friendship is not conquered, it cannot be imposed; it is cultivated like a flower;
it is nurtured with small gestures of courtesy, tenderness and loyalty;
it is watered with the living waters of selflessness and quiet endearment.
Distance, social level, years or culture do not matter. Friendship erases all.

The memory of a far-off friend, of the friend from childhood or youth provides
us with intimate happiness. Our lives are enriched by these contacts, however
brief they may have been.

A friend's happiness makes us happy. His pain becomes ours because a
marvelous, invisible bond unites us with friends. Friendship is beautiful
beyond all consideration.

For the person who has a friend solitude does not exist.

ANONYMOUS

A friend is a brother we choose.

FRANCISCO J. DROZ

A man's friendships is often supportive; a woman's always consoles.

JOHANN PAUL RICHTER

CUENTA TU JARDÍN *

Cuenta tu jardín por las flores,
   no por las hojas caídas.

Cuenta tus días por las horas doradas,
   y olvida las penas habidas.

Cuenta tus noches por estrellas,
   no por sombras.

Cuenta tu vida por sonrisas,
   no por lágrimas.

Y para tu gozo en esta vida,
   cuenta tu edad por amigos,
   no por años.

ANÓNIMO

La amistad es una planta que crece con lentitud y debe aguantar las sacudidas de la adversidad, antes de merecer su nombre.

ANÓNIMO

¡Qué difícil es ganar un amigo en un año, y qué fácil es perderlo en un momento!

ANÓNIMO

COUNT YOUR GARDEN

Count your garden by the flowers,
    not by the fallen leaves.

Count your days by the golden hours,
    and forget your sorrows.

Count your nights by the stars,
    not by the shadows.

Count your life by its smiles,
    not by the tears.

And, for your joy in this life,
    count your age by your friends,
    and not by the number of your years.

ANONYMOUS

Friendship is a plant that grows slowly, enduring the shocks of adversity before it can deserve its name.

ANONYMOUS

How difficult it is to make a friend in one year, and how easy it is to lose him in a moment!

ANONYMOUS

HOMBRE-MUJER

MAN-WOMAN

Hombre-Mujer, binomio divino.

Man-Woman, divine binomial.

ROGER PATRÓN LUJÁN

EL ARTE DEL MATRIMONIO

La felicidad en el matrimonio no es algo que sólo ocurre.

Un buen matrimonio debe crearse.

Dentro de éste, las cosas pequeñas son las más importantes.

Es nunca ser demasiado viejo para tomarse de las manos.

Es recordar decir "te quiero" por lo menos una vez al día.

Es nunca ir a dormir estando enojados.

Es estar de acuerdo en los valores y tener objetivos comunes.

Es estar juntos frente al mundo.

Es formar un círculo de amor que una a toda la familia.

Es decir palabras de estímulo, siempre demostrando gratitud con detalles y cariño.

Es tener capacidad de perdonar y olvidar.

Es dar uno al otro una atmósfera en la que cada uno se pueda desarrollar.

Es realizar una búsqueda en común de lo bueno y lo hermoso.

No es solamente casarse con la persona adecuada...

Es ser la pareja ideal.

WILFRED A. PETERSON

¿Dónde está el hogar?
El hogar está donde el corazón ríe sin timidez
y las lágrimas del corazón se secan por sí solas.

VERNON BLAKE

THE ART OF MARRIAGE *

Happiness in marriage is not something that just happens.

A good marriage must be created.

In marriage little things are big things.

It is never being too old to hold hands.

It is remembering to say "I love you" at least once a day.

It is never going to sleep in anger.

It is having a mutual sense of values and common objectives.

It is standing together facing the world.

It is forming a circle of love that gathers in the whole family.

It is speaking words of appreciation and demonstrating gratitude in thoughtful ways.

It is having the capacity to forgive and forget.

It is giving each other an atmosphere in which each can grow.

It is a common search for the good and the beautiful.

It is not only marrying the right person...

It is being the right partner.

WILFRED A. PETERSON

Where is home?
Home is where the heart laughs without shyness
and where the tears of the heart dry by themselves.

VERNON BLAKE

MI BÚSQUEDA NO ES SENCILLA *

He encontrado en mi vida amigos, enemigos, conocidos, científicos, intelectuales, pacifistas y aún continúo mi pesquisa porque lo que yo deseo es:

¡Un hombre!

Un hombre que no tema a la ternura; que se atreva a ser débil cuando necesite detenerse a recobrar fuerzas para la lucha diaria; que no piense que al amarme lo derroto o que al amarlo me aniquila.

Un hombre que me proteja de los demás y de mí misma, que conociendo mis errores, los acepte y me ayude a corregirlos.

Un hombre que quiera y sepa reconocer mis valores espirituales y sobre ellos pueda construir todo un mundo; que nunca me rebaje con su trato.

Un hombre que con cada amanecer me ofrezca una ilusión, que aliente nuestro amor con toda delicadeza para que una flor entregada con un beso tenga más valor que una joya.

Un hombre con el que se pueda hablar, que jamás corte el puente de comunicación y ante quien me atreva a decir cuanto pienso, sin temor de que me juzgue o se ofenda, y que sea capaz de decírmelo todo, incluso que no me ama.

Un hombre que tenga siempre los brazos abiertos para que yo me refugie en ellos cuando me sienta amenazada e insegura, que conozca su fortaleza y mi debilidad, pero jamás se aproveche de ello.

Un hombre que tenga abiertos los ojos a la belleza, a quien domine el entusiasmo y ame intensamente la vida; para quien cada día sea un regalo inapreciable que hay que vivir plenamente, acéptando el dolor y la alegría con igual serenidad.

Un hombre que sepa ser siempre más fuerte que los obstáculos, que jamás se amilane ante la derrota y para quien los contratiempos sean más estímulo que adversidad, pero que esté tan seguro de su poder que no se sienta en la necesidad de demostrarlo a cada minuto en empresas absurdas sólo para probarlo.

Un hombre que no sea egoísta, que no pida lo que no se ha ganado, pero que siempre haga esfuerzos para tener lo mejor porque lo ha merecido.

Un hombre que goce dando y sepa recibir.

MY SEARCH IS NOT AN EASY ONE

In my life I have known friends, enemies, acquaintances, scientists, intellectuals, pacifists, but I continue my search, because what I am looking for is:

A man!

A man who does not fear tenderness; who dares to be weak when he must take a breath in order to recover his strength for the daily struggle; who does not think that by loving me I will defeat him, nor that loving him will destroy me.

A man who protects me from others and from myself. and who, knowing my faults, accepts and helps me correct them.

A man who loves and knows how to recognize my spiritual values and who is able to build a whole world on them and whose behavior will never debase me.

A man who at every daybreak offers me an illusion, who breathes life into our love with such delicacy that a flower given with his kiss is more precious than a jewel.

A man with whom I can talk, who never cuts off communication and with whom I dare say what I think without fear that he will judge me or take offense and who is capable of telling me everything, even that he does not love me.

A man who always has his arms open as a refuge for me when I feel threatened and insecure, who knows his strength and my weakness, but never takes advantage of it.

A man whose eyes are open to beauty, who is swept up by enthusiasm and who loves life intensely; for whom each day is an invaluable gift which must be lived fully, accepting pain and joy with equal serenity.

A man who is always stronger than the obstacles in his way, who is never daunted in the face of defeat and for whom disappointments are more stimulation than adversity, but who is so sure of his power that he does not need to prove it constantly through absurd acts.

A man who is not selfish, who does not demand what he has not won fairly, but who always strives for the best because he has earned it.

A man who enjoys giving and knows how to receive.

Un hombre que se respete a sí mismo, porque así sabrá respetar a los demás; que no recurra jamás a la burla ni a la ofensa, que más rebajan a quien las hace que a quien las recibe.

Un hombre que no tenga miedo de amar ni se envanezca porque es amado; que goce el minuto como si fuera el último, que no viva esperando el mañana porque tal vez nunca llegue.

¡Cuando lo encuentre, lo amaré intensamente!

ANÓNIMO

Porque soy mujer debo hacer un esfuerzo extraordinario para tener éxito. Si fracaso, nadie dirá: "Ella no tiene lo que se necesita", sino que dirán: "Las mujeres no tienen lo que se necesita."

CLAIRE BOOTHE-LUCE

Iré a donde tú vayas, viviré donde vivas. Tu pueblo será mi pueblo y tu Dios, mi Dios.

Donde tú mueras, ahí moriré y allí seré enterrada.

Que el Señor me dé este mal y añada este otro todavía si no es tan sólo la muerte lo que nos ha de separar.

LIBRO DE RUTH

A man who respects himself and who, because of this, knows how to respect others; who never takes recourse to ridicule or offend, knowing that these debase the giver more than the receiver.

A man who is not afraid to love, and who is not vain because he is loved; a man who enjoys every minute as if it were his last, who does not live waiting for tomorrow, because tomorrow may never come.

... when I find him, I will love him intensely.

ANONYMOUS

Because I am woman, I must make an extraordinary effort to succeed.
If I fail, no one will say, "She doesn't have what it takes", but rather,
"Women don't have what it takes."

CLAIRE BOOTHE-LUCE

Where you go I will go,
and where you lodge I will lodge,
your people shall be my people,
and your God shall be my God.
Where you die I will die and there will I be buried.

May the Lord do so to me and even more
if death parts me from you.

BOOK OF RUTH

Una mujer *

Mi búsqueda no es fácil.

En mi paso por este mundo he conocido toda clase de personas, de todas las condiciones sociales; pero a fin de cuentas sólo se ha tratado de gente, y lo que yo busco es:

¡Una mujer!

Pero una mujer que no sea una muñequita de aparador, ni la rosa candorosa e ingenua. Tampoco que sea la hermosura mercenaria, ni la madre sumisa y abnegada o la esclava del hogar. Busco una mujer que se atreva a ser ella misma con todas sus potencialidades.

Una mujer que no tema ser fuerte, segura e independiente, porque con ello no pierde su feminidad y, en cambio, toma el lugar que le corresponde en la evolución de la pareja humana.

Una mujer dispuesta a descubrir y a desarrollar todos sus valores y potencial, porque los hombres no maduramos emocionalmente jamás si tenemos compañeras, madres o hermanas que han dado poca importancia a su crecimiento como personas. La evolución supone un crecimiento compartido.

Una mujer preparada y decidida, que no sólo sepa qué hacer, sino cómo y cuándo hacerlo, porque así será un respaldo para mí, como yo con gusto lo seré para ella.

Una mujer que me descargue de todo el peso de un amor no entregado, porque nunca antes alguien lo había recibido por completo.

Una mujer que me ayude a verme como soy, no como creo que soy.
Que tenga tacto al decirme mis defectos en el momento en que soy más receptivo, para que digiera la crítica constructiva y pueda así florecer como persona.

Una mujer que sea tierna, sin que pierda firmeza; seria sin llegar a ser solemne; deseosa de superarse sin sentirse superior; dulce, sin ser melosa, y con la frescura de una chamaca, sin caer en lo pueril.

Una mujer que sea mi compañera en todo: desde tender la cama juntos hasta adentrarnos en una aventura intelectual, pasando por la experiencia de trabajar hombro con hombro y recorrer un parque en bicicleta.

Una mujer que no se alarme si alguna vez me ve llorar (quiero recuperar esa capacidad de expresión reprimida por el machismo) y que me aliente a darme permiso de ser débil y a pedir ayuda a pesar de ser el hombre fuerte.

Una mujer que descubra lo que le gusta en la vida, y se esfuerce por averiguar lo que quiere realmente de la misma, teniendo el valor de pagar el precio de sus más grandes anhelos.

A WOMAN

My search is not easy.

In my passage through this world I have known all kinds of people of all social strata, but in the final analysis they have all been people, and what I seek is:

A woman!

But A woman who is not a doll on display, nor a naive and innocent rose. Not a mercenary beauty, a submissive, self-effacing mother, nor a slave of the home.

I seek A woman who dares to be herself with all her potential.

A woman who is not afraid to be strong, sure of herself and independent, because this does not detract from her femininity but fulfills the role that belongs to her in the evolution of the human couple.

A woman willing to discover and develop all of her values and potential, because we men will never mature emotionally if our companions, mothers or sisters have given little importance to our growth as persons. Evolution involves shared growth.

A prepared and decisive woman who not only knows what to do but how and when to do it, because in this way she will support me as I will gladly support her.

A woman who frees me from the burden of my un-surrendered love, because no one before would ever have received it completely.

A woman who helps me to see myself as I am, not as I believe I am.
Who has the tact to point out my faults when I am my most receptive, in order that I may assimilate constructive criticism and thus help me flourish as a human being.

A woman who is tender without losing firmness and without becoming overly serious, who wishes to succeed without feeling superior; sweet, without being sickening, and with the freshness of a young girl, without being puerile.

A woman who will be my companion in everything: from sharing the same bed, to joining me in an intellectual adventure, from working shoulder to shoulder to riding a bicycle in the park.

A woman who does not become alarmed if she ever sees me cry (I want to recover this way of expression repressed by ideas of *machismo*) and who encourages me by allowing me to be weak and to ask for help even though I am a strong man.

A woman who discovers what she likes in life and who exerts herself to find what she really wants out of it and has the courage to pay the price of her strongest desires.

Una mujer que no se deje utilizar y que nunca manipule a otro ser humano, incluyendo a su pareja, pues no tiene objeto caer en una simbiosis destructiva cuando existe la alternativa luminosa de un crecimiento recíproco.

Una mujer que sepa que el hombre está llamado a ser el más elevado de los seres vivientes; pero que ella, como mujer, fue concebida como la más sublime de las creaciones del Universo.

¡Cuando la encuentre, la amaré intensamente!

RAFAEL MARTÍN DEL CAMPO

Un matrimonio no se mantiene unido por medio de cadenas, sino de hilos; cientos de delgadísimos hilos que enlazan la vida de las personas a través de los años.

ANÓNIMO

No nos casamos con una persona, sino con tres:

La que uno cree que es, la que en realidad es, y la persona en que se convertirá como resultado de haberse casado con uno.

ANÓNIMO

A woman who refuses to be used by anyone and who never manipulates other human beings, including her mate, knows that it makes no sense to fall into a destructive symbiosis when the positive alternative of mutual growth exists.

A woman knows that man is called to be the highest of living beings and that she, as a woman, was conceived to be the most sublime of the universe's creations. When I find her, I will love her intensely.

And I ask myself: might that woman be you?

RAFAEL MARTÍN DEL CAMPO

A marriage does not keep us united by chains but by threads,
hundreds of very fine threads which bind the lives of people over the years.

ANONYMOUS

We do not marry one person, but three:

The one I believe him or her to be,
the one he or she really is,
and the one he or she will become as a result of having married me.

ANONYMOUS

Amor filial
Filial love

Estudia, trabaja, cásate y sé como quieras, hijo mío, siempre y cuando tus acciones conlleven la alegría de vivir.

Study, work, marry and be as you wish, my son, as long as your actions convey the joy of life.

Roger Patrón Luján

Tus hijos no son tus hijos

Tus hijos no son tus hijos.
Son los hijos del anhelo de la vida.

No vienen de ti sino a través de ti
y, aunque estén contigo, no te pertenecen.

Puedes darles tu amor mas no tus pensamientos,
pues ellos tienen sus propios pensamientos.

Debes abrigar sus cuerpos mas no sus almas,
porque sus almas viven en la casa del mañana,
que no puedes visitar ni siquiera en tus sueños.

Puedes esforzarte en ser como ellos, pero no procures hacerlos semejantes a ti.
Porque la vida no retrocede ni se detiene en el ayer.

Tú eres el arco del cual tus hijos, como flechas vivas son lanzados.

El Arquero ve el blanco en el camino del infinito,
y te dirige con su poder para que sus flechas vayan raudas y lejanas.

Deja que la inclinación en Su mano de arquero sea para la felicidad;
porque así como Él ama la flecha que vuela, ama también el arco que es firme.

GIBRÁN JALIL GIBRÁN

Alguien comentó, cuando nos entregaban a nuestra segunda hija adoptiva:

— ¡Qué felicidad tan grande es para estas niñas llegar a un hogar como el de ustedes!

Y con gran alegría, le respondimos:

— ¡Felicidad es la que ellas nos han dado al ser parte de nuestra familia!

FAMILIA GARCÍA NARANJO ORTEGA

YOUR CHILDREN ARE NOT YOUR CHILDREN *

Your children are not your children.
They are the sons and daughters of Life's longing for itself.

They come through you but not from you,
and though they are with you yet they belong not to you.

You may give them your love but not your thoughts,
for they have their own thoughts.

You may house their bodies but not their souls,
for their souls dwell in the house of tomorrow,
which you cannot visit, not even in your dreams.

You may strive to be like them, but seek not to make them like you.
For life goes not backward nor tarries with yesterday.

You are the bows from which your children as living arrows are sent forth.

The Archer sees the mark upon the path of the infinite, and he bends you
with his might that His arrows may go swift and far.

Let your bending in the Archer's hand be for gladness;
for even as He loves the arrow that flies, so He loves also the
bow that is stable.

KAHLIL GIBRAN

Someone said on the occasion of our receiving our second adopted daughter:

— What an immense joy it must be for these girls to be accepted in a home such as yours!

We answered him, equally joyous:

— Happiness is what they have brought to us when they became part of this family!

THE GARCÍA NARANJO ORTEGA FAMILY

ORACIÓN DE UN PADRE

Dame, Señor,
  un hijo que sea lo bastante fuerte para saber cuando es débil,
  y lo bastante valeroso para enfrentarse a sí mismo cuando sienta miedo.

Un hijo que sea orgulloso e inflexible en la derrota,
humilde y magnánimo en la victoria.

Dame un hijo que nunca doble la espalda cuando deba erguir el pecho.

Un hijo que sepa conocerte a Ti... y conocerse a sí mismo,
que es la piedra fundamental del conocimiento.

Condúcelo, te lo ruego, no por el camino cómodo y fácil,
sino por el camino áspero, aguijoneado por las dificultades y los retos.

Y ahí, déjalo aprender a sostenerse firme en la tempestad,
siempre con ideales altos.

Un hijo que se domine a sí mismo antes de pretender dominar a los demás;
un hijo que avance hacia el futuro, pero que nunca se olvide del pasado.

Y después de lograr todo eso agrégale, te lo suplico,
 suficiente sentido del humor, de modo que pueda ser siempre serio,
sin tomarse a sí mismo demasiado en serio.

Dale humildad,
para que pueda recordar siempre la sencillez de la verdadera grandeza,
la imparcialidad de la verdadera sabiduría
y la mansedumbre de la verdadera fuerza.

Entonces yo, su padre, me atreveré a murmurar:

   ¡No he vivido en vano!

ATRIBUIDO A DOUGLAS MACARTHUR

¡Ojalá que cada persona se propusiera educar a un hombre!

ROGER PATRÓN LUJÁN

A FATHER'S PRAYER *

Build me a son, O Lord,
  who will be strong enough to know when he is weak,
  and brave enough to face himself when he is afraid.

  One who will be proud and unbending in honest defeat,
  and humble and gentle in victory.

  Build me a son whose wishes will not take the place of deeds.
  A son who will know Thee...
  and that to know himself is the foundation stone of knowledge.

  Lead him, I pray, not in the path of ease and comfort,
  but under the stress and spur of difficulties and challenge.

  Here let him learn to stand up in the storm,
  whose goal will be high.

  A son who will master himself before he seeks to master other
  men:
  one who will reach into the future,
  yet never forget the past.

  And after all these things are his,
  add, I pray, enough of a sense of humor,
  so that he may always be serious,
  yet never take himself too seriously.

  Give him humility,
  so that he may always remember the simplicity of true greatness.
  the open mind of true wisdom,
  and the meekness of true strength.

  Then, I his father, will dare to whisper:

   I have not lived in vain!

ATTRIBUTED TO DOUGLAS MACARTHUR

If only each person had the proposal to enlarge the mind of another!

ROGER PATRÓN LUJÁN

A mi hijo *

Hijo mío:

Si quieres amarme, bien puedes hacerlo,
tu cariño es oro que nunca desdeño.

Mas quiero que sepas que nada me debes,
soy ahora el padre, tengo los deberes.

Nunca en la alegría de verte contento,
he trazado signos de tanto por ciento.

Mas ahora, mi niño, quisiera avisarte,
mi agente viajero llegará a cobrarte.

Presentará un cheque de cien mil afanes,
será un hijo tuyo, gota de tu sangre.

Y entonces, mi niño, como un hombre honrado, .
en tu propio hijo deberás pagarme.

Anónimo

Los niños son profundamente afectados por el ejemplo y, en segundo término, por las explicaciones, cuando éstas son sencillas y claras.

Lo más importante es que crezcan en un ambiente libre de negatividad e impulsados a tener confianza y a expresar su propio ser.

Enséñalos a decir la verdad, a ser honestos y sinceros.
Eso es lo más importante.

Rodney Collin

To my son

My son:

If you wish to love me truly, you may do so,
your tenderness is gold that I will never reject.

I want you to know that you owe me nothing;
I am still the father, the duty is mine.

Never in the happiness of seeing you contented
have I seen signs of material gains.

And now, my son, I must warn you,
my travel agent will come to collect.

He will present a check for one hundred thousand labors;
this will be your son, nurtured with your own blood.

And then, my son, like an honorable man,
in your own son you will pay me back.

ANONYMOUS

Children are profoundly affected by example, and secondarily by explanations, when these are simple and clear.

The most important thing is that they be able to grow in an atmosphere free from negativity and be encouraged to have confidence in themselves and express themselves.

Teach them to tell the truth, to be honest and sincere.
This is most important.

RODNEY COLLIN

Ser hombre *

A mi hijo Michel, al cumplir sus quince años:

Ser hombre, hijo mío,
es pisar en las brasas del miedo
y seguir caminando;
soportar el dolor de la carne en silencio y la aridez en los ojos,
mas dejar que las lágrimas fluyan
si el quebranto es del alma.

Es cercar el valor de prudencia
y el ardor de cautela,
sin torcer el propósito,
sin mellar la decisión forjada en el tesón,
la paciencia, la razón, la experiencia
y la meditación.

Es pasar
—con los brazos ceñidos al cuerpo,
los labios inmóviles, conteniendo el aliento—
junto al castillo de arena que otro ha construido
si con tu palabra o al extender tu brazo,
pudieras derribarle.

¡Porque arruinar la dicha de tu prójimo
es más grave, peor, que introducir tu mano
en el bolsillo para robarle!

Hijo mío,
no desdeñes el oro,
mas no dejes que el oro señoree tu vida.

Acumula bastante
para no tener nunca que extender tu mano a la piedad de otro,
y sí poder, en cambio,
poner algo en la mano que hacia ti se extiende.

Y, al que te pide un pan, no le des consejo.
No te juzgues más sabio que aquel que busca ayuda.

Dale apoyo, aliento y comparte su carga;
dale tu oro y tu esfuerzo,
y después da el consejo.

Al temor no le pongas el disfraz del perdón;
el valor, hijo mío, es la virtud más alta,
y confesar la culpa, el supremo valor.

No eches pues en los hombros de tu hermano la carga,
ni vistas a los otros con las ropas de tu error.

TO BE A MAN

To my son Michel, upon turning fifteen.

To be a man, my son,
is to walk on the embers of fear,
and keep walking;
to endure the pain of the flesh in silence and with dry eyes,
but to let the tears flow
if the sorrow comes from the soul.

It is to surround bravery with prudence
and courage with caution,
without veering from one's purpose,
without altering the decision forged in constancy,
patience, reason, experience
and meditation.

It is to walk by
the sand-castle of another's happiness
and, if one word or gesture
could destroy it,
to keep your hands at your side,
your lips unmoving, holding your breath.

Because to ruin the happiness of your fellow man
is worse than putting your hand
in his pocket to rob him!

My son,
do not disdain gold,
but even more, do not let gold master your life.

Accumulate enough
never to need to reach out for another's pity,
and to be able, on the other hand,
to put something in the hand that reaches out to you.

And to him who asks you for bread, do not give advice.
Do not judge yourself wiser than he who seeks help.

Give him support and encouragement and share his burden;
give him your gold and your strength,
and, only then, give him advice.

Do not cloak your fear in the disguise of pardon;
courage, my son, is the highest virtue,
and the confession of guilt, the supreme value.

So do not put the burden on your brother's shoulders,
nor dress others in the clothes of your mistakes.

Es tu deber, si caes, no obstante la caída,
tu ideal y tu anhelo mantener siempre enhiestos;
y no buscar la excusa, ni encontrar la disculpa:
los héroes, hijo mío, nunca esgrimen pretextos.

La mentira es hollín, no te manches los labios.
Y no ostentes ser rico, ser feliz o ser sabio,
delante del que exhibe la llaga del fracaso.

No subleves la envidia, la admiración, los celos,
y busca la sonrisa, no busques el aplauso.

Y perdónale al mundo su error
si no valora tus merecimientos en lo que crees que valen;
(es probable, hijo mío, que el más justo avalúo
es el que el mundo hace).

Y por fin, hijo mío,
que no turbe tu sueño la conciencia intranquila;
que no mengüe tu dicha el despecho abrasivo,
ni tu audacia flaquee ante la adversidad.

No deforme tu rostro jamás la hipocresía
y no toque tu mano, traición o deslealtad.

Y aún hay más, hijo mío:
que al volver tu mirada sobre el camino andado,
no haya lodo en tus pies, ni se encuentre en tu huella
una espiga, una mies o una flor pisoteada.

Hijo mío, es esto lo que esa breve frase,

¡Ser hombre!, significa.

ELÍAS M. ZACARÍAS

If you fall, it is nonetheless your charge
to keep your ideals and your desires upright
and to not seek excuse, nor find an apology:
heroes, my son, never wield pretexts.

Lies are soot, do not stain your lips.
And do not boast that you are rich, happy or wise
before him who bears the sore of failure.

Do not incite envy, admiration or jealousy;
seek smiles, not applause.

And forgive the world its mistake
if it does not value your merits for what you think they are worth;
(it is likely, my son, that the world's
is the most impartial judgment).

Finally, my son:
do not allow your sleep to be disturbed by a troubled conscience;
do not let your happiness be corroded by spite,
nor let your courage be weakened in the face of adversity.

Never allow hypocrisy to deform your face,
and let not treason or disloyalty touch your hand.

There is still more, my son:
when you look back on the road you have walked,
may there be no mud on your feet, and in your footprint
no twig, nor grain, nor flower trampled.

My son, this is what that short phrase,

   To be a man, means.

ELÍAS M. ZACARÍAS

¿QUÉ ES UNA NIÑA?

Las niñas son lo más agradable que puede sucederle a las personas.

Nacen con un poco de brillo angelical y, aunque algunas veces se desgasta, siempre hay suficiente para cautivar tu corazón, hasta cuando se sientan en el lodo o lloran temperamentalmente o se pasean por la calle con las mejores ropas de mamá.

Una niña puede ser más dulce (y más mala), más a menudo que nadie en el mundo. Puede corretear y tropezar y hacer ruidos raros que te irriten; sin embargo, precisamente cuando abres la boca, se queda quieta con esa mirada especial.

Una niña es la inocencia jugando con el lodo, la belleza sosteniéndose en su cabeza y la maternidad jalando una muñeca por el pie.

Las niñas se encuentran en cinco colores —negro, blanco, rojo, amarillo o café— sin embargo, la Madre Naturaleza siempre se las arregla para seleccionar tu color favorito cuando haces el pedido. Ellas desaprueban la ley de la oferta y la demanda —hay millones de niñas— pero cada una es tan valiosa como los rubíes.

Dios pide prestado de varias criaturas para hacer a una niña.

Usa el canto de un pájaro, el chillido de un cerdo, la terquedad de una mula, los gestos de un mono, la agilidad de un chapulín, la curiosidad de un gato, la velocidad de una gacela, la astucia de una zorra, la dulzura de un gatito y, para completar, Él agrega la mente misteriosa de una mujer.

A una niña le gustan los zapatos nuevos, los vestidos de fiesta, los animales recién nacidos, ir en primer año, las matracas, la chica de enfrente, las muñecas, fingir, las clases de baile, los helados, las cocinas, los libros para colorear, el maquillaje, las latas con agua, ir de visita, las fiestecitas y un niño.

Le desagradan las visitas, los niños en general, los perros grandes, la ropa usada, las sillas rectas, las verduras, los trajes para la nieve o quedarse en el patio.

Ella es la más ruidosa cuando tú estás pensando, la más bonita cuando te ha provocado, la más ocupada a la hora de dormir, la más callada cuando quieres presumirla y la más coqueta cuando definitivamente no quieres darle un permiso.

¿Quién puede causarte más pena, alegría, irritación, satisfacción, vergüenza y encanto genuino que esta combinación de Eva, Salomé y Florence Nightingale?

WHAT IS A GIRL? *

Litte girls are the nicest things that happen to people.

They are born with a little bit of angel's glow about them, and though it wears thin sometimes, there is always enough left to lasso your heart, even when they are sitting in the mud or crying temperamental tears or parading up the street in Mother's best clothes.

A little girl can be sweeter (and badder), oftener than anyone else in the world. She can jitter around and stomp and make funny noises that frazzle your nerves, yet just when you open your mouth, she stands there demure with that special look in her eyes.

A girl is Innocence playing in the mud, Beauty standing on its head, and Motherhood dragging a doll by the foot.

Girls are available in five colors — black, white, red, yellow and brown — yet Mother Nature always manages to select your favorite color when you place your order. They disprove the law of supply and demand — there are millions of little girls — but each is as precious as rubies.

God borrows from many creatures to make a little girl.
He uses the song of a bird, the squeal of a pig, the stubbornness of a mule, the antics of a monkey, the spryness of a grasshopper, the curiosity of a cat, the speed of a gazelle, the slyness of a fox, the softness of a kitten, and to top it all off, He adds the mysterious mind of a woman.

A little girl likes new shoes, party dresses, small animals, first grade, noise makers, the girl next door, dolls, make-believe, dancing lessons, ice cream, kitchens, coloring books, make-up, cans of water, going visiting, tea parties and one boy.

She doesn't care so much for visitors, boys in general, large dogs, hand-me-downs, straight chairs, vegetables, snowsuits. or staying in the front yard.

She is loudest when you are thinking, the prettiest when she has provoked you, the busiest at bedtime, the quietest when you want to show her off, and the most flirtatious when she absolutely must not get the best of you again.

Who else can cause you more grief, joy, irritation, satisfaction, embarrassment, and genuine delight than this combination of Eve, Salome, and Florence Nightingale?

Ella puede desarreglar tu hogar, tu cabello y tu dignidad, gastar tu dinero, tu tiempo y tu paciencia— y, justamente cuando estás listo para explotar, su brillo encantador aparece y pierdes otra vez.

Sí, ella es una molestia que te exaspera; un manojito ruidoso de calamidades.

Pero cuando tus sueños desfallecen y el mundo es un caos —cuando te sientes casi un tonto— ella puede convertirte en rey en el momento que se trepa a tu rodilla y murmura:

Papito, ¡Te quiero más que a nadie!

ALAN BECK

Los niños son espejos:
En presencia del amor, es amor lo que reflejan.
Cuando el amor está ausente, no tienen nada que reflejar.

ANTHONY DE MELLO

She can mess up your home, your hair, and your dignity — spend your money, your time, and your patience — and just when your temper is ready to crack, her sunshine peeks through and you have lost again.

Yes, she is a nerve-racking nuisance, just a noisy bundle of mischief.

But when your dreams tumble down and the world is a mess — when it seems you are pretty much of a fool after all — she can make you a king when she climbs on your knee and whispers:

Daddy, I love you best of all!

ALAN BECK

Children are like mirrors:
When they are in the presence of love, it is love they reflect.
When love is absent, they have nothing to reflect.

ANTHONY DE MELLO

¿QUÉ ES UN NIÑO?

Entre la inocencia de la infancia y la dignidad de la madurez, encontramos una encantadora criatura llamada niño.

Los niños vienen en diferentes medidas, pesos y colores, pero todos tienen el mismo credo: disfrutar cada segundo, de cada minuto, de cada hora, de cada día y de protestar ruidosamente (su única arma) cuando el último minuto se termina y los padres los meten a la cama.

A los niños se les encuentra dondequiera: encima, debajo, dentro, trepando, colgando, corriendo o brincando. Las mamás los adoran, las niñas los detestan, los hermanos mayores los toleran, los adultos los ignoran y el cielo los protege.

Un niño es la verdad con la cara sucia, la belleza con una cortada en el dedo, la sabiduría con el chicle en el pelo y la esperanza del futuro con una rana en el bolsillo.

Cuando estás ocupado, un niño es un carnaval de ruido, desconsiderado, molesto y entrometido. Cuando quieres que dé una buena impresión, su cerebro se vuelve de gelatina o se transforma en una criatura salvaje y sádica orientada a destruir el mundo y a sí misma.

Un niño es una combinación: tiene el apetito de un caballo, la digestión de un tragaespadas, la energía de una bomba atómica, la curiosidad de un gato, los pulmones de un dictador, la imaginación de Julio Verne, la vergüenza de una violeta, la audacia de una trampa de fierro, el entusiasmo de una chinampina y, cuando fabrica algo, cinco pulgares en cada mano.

Le encantan los helados, las navajas, los serruchos, las navidades, los libros de historietas, el chico de enfrente, el campo, el agua (pero no en la regadera), los animales grandes, papá, los trenes, los sábados por la mañana y los carros de bomberos.

Odia las clases de doctrina, estar acompañado, la escuela, los libros sin ilustraciones, las clases de música, las corbatas, los peluqueros, las niñas, los abrigos, los adultos y la hora de acostarse.

Nadie más se levanta tan temprano ni se sienta a comer tan tarde.

Nadie más se divierte tanto con los árboles, los perros y la brisa.

Nadie más puede traer en el bolsillo un cortaplumas oxidado, media manzana, un metro de cordel, un saco vacío, dos pastillas de chicle, seis monedas, una resortera, un trozo de sustancia desconocida y un auténtico anillo supersónico con un compartimiento secreto.

WHAT IS A BOY? *

Between the innocence of babyhood and the dignity of manhood
we find a delightful creature called a boy.

Boys come in assorted sizes, weights and colors, but all boys have the
same creed: to enjoy every second of every minute of every hour of
every day and to protest with noise (their only weapon) when their last
minute is finished and adult males pack them off to bed at night.

Boys are found everywhere on top of, underneath, inside of,
climbing on, swinging from, running around, or jumping to.
Mothers love them, little girls hate them, older brothers and
sisters tolerate them, adults ignore them, and Heaven protects
them.

A boy is Truth with dirt on his face, Beauty with a cut on his
finger, Wisdom with bubble gum in his hair, and the Hope of the
future with a frog in his pocket.

When you are busy, a boy is an inconsiderate, bothersome,
intruding jangle of noise. When you want him to make a good
impression, his brain turns to jelly or else he becomes a savage,
sadistic, jungle creature bent on destroying the world and
himself with it.

A boy is a composite: he has the appetite of a horse, the digestion
of a sword-swallower, the energy of a pocket-size atomic bomb,
the curiosity of a cat, the lungs of a dictator, the imagination of
Jules Verne, the shyness of a violet, the audacity of a steel trap,
the enthusiasm of a firecracker, and when he makes something he
has five thumbs on each hand.

He likes ice cream, knives, saws, Christmas, comic books, the boy
across the street, woods, water (in its natural habitat), large
animals, Dad, trains, Saturday mornings and fire engines.

He is not much for Sunday School, company, schools, books
without pictures, music lessons, neckties, barbers, girls,
overcoats, adults, or bed time.

Nobody else is so early to rise, or so late to supper.

Nobody else gets so much fun out of trees, dogs and breezes.

Nobody else can cram into his pocket a rusty knife, a half-eaten
apple, three feet of string, an empty sack, two gum drops, six
cents, a slingshot, a chunk of unknown substance, and a genuine
supersonic ring with a secret compartment.

Un niño es una criatura mágica. Puedes cerrarle la puerta de tu despacho pero no la del corazón. Puedes sacarlo de tu estudio, pero no puedes sacarlo de tu mente.

Mejor ríndete —es tu amo, tu carcelero, tu jefe y tu maestro— una carita sucia, correteagatos, un manojito de ruido.

Pero cuando regresas a casa por las noches, con tus sueños y esperanzas hechos trizas, él puede remediarlos y dejarlos como nuevos con dos palabras mágicas:

¡Hola, papito!

ALAN BECK

Cultiva el amor a la lectura. No existe placer tan barato, tan inocente y tan remunerador como el goce positivo y cordial que procura el leer.

ROBERT LOWE

A boy is a magical creature. You can lock him out of your workshop, but you can't lock him out of your heart. You can get him out of your study, but you can't get him out of your mind.

Might as well give up —he is your captor, your jailor, your boss, and your master— a freckled-faced, pint-sized, cat-chasing, bundle of noise.

But when you come home at night with only the shattered pieces of your hopes and dreams, he can mend them like new with the two magic words:

Hi, Dad!

ALAN BECK

Cultivate the love of reading. There is no pleasure so inexpensive, so naive and so gratifying as the positive and cordial pleasure that reading provides.

ROBERT LOWE

LOS NIÑOS APRENDEN LO QUE VIVEN

Si un niño vive criticado,
    aprende a condenar.

Si un niño vive en un ambiente hostil,
    aprende a pelear.

Si un niño vive ridiculizado,
    aprende a ser tímido.

Si un niño vive avergonzado,
    aprende a sentirse culpable.

Si un niño vive con tolerancia,
    aprende a ser paciente.

Si un niño vive con aliento,
    aprende a tener confianza.

Si un niño vive estimulado,
    aprende a apreciar.

Si un niño vive con honradez,
    aprende a ser justo.

Si un niño vive con seguridad,
    aprende a tener fe.

Si un niño vive con aprobación,
    aprende a valorarse.

Si un niño vive con aceptación y amistad,
    aprende a encontrar el amor en el mundo.

DOROTHY LAW NOLTE

CHILDREN LEARN WHAT THEY LIVE *

If a child lives with criticism,
    he learns to condemn.

If a child lives with hostility,
    he learns to fight.

If a child lives with ridicule,
    he learns to be shy.

If a child lives with shame,
    he learns to feel guilty.

If a child lives with tolerance,
    he learns to be patient.

If a child lives with encouragement,
    he learns confidence.

If a child lives with praise,
    he learns to appreciate.

If a child lives with fairness,
    he learns justice.

If a child lives with security,
    he learns to have faith.

If a child lives with approval,
    he learns to value himself.

If a child lives with acceptance and friendship,
    he learns to find love in the world.

DOROTHY LAW NOLTE

EDUCACIÓN
EDUCATION

El conocimiento nos conduce a lugares sin fronteras.

Knowledge leads us to places without frontiers.

ROGER PATRÓN LUJÁN

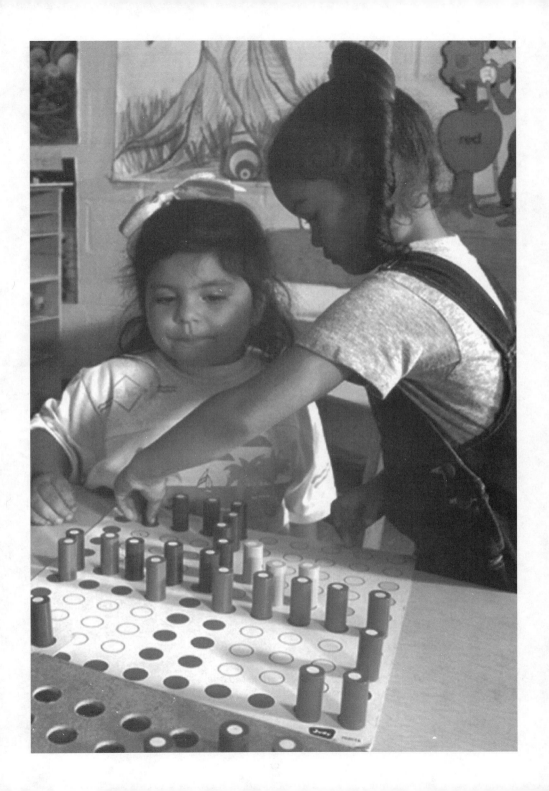

PARÁBOLA DE LA EDUCACIÓN

Iba un hombre caminando por el desierto cuando oyó una voz que le dijo:

—Levanta unos guijarros, mételos en tu bolsillo y mañana te sentirás a la vez triste y contento.

Aquel hombre obedeció. Se inclinó, recogió un puñado de guijarros y se los metió en el bolsillo.

A la mañana siguiente, vio que los guijarros se habían convertido en diamantes, rubíes y esmeraldas.

Y se sintió feliz y triste.

Feliz, por haber recogido los guijarros; triste, por no haber recogido más.

¡Lo mismo ocurre con la educación!

WILLIAM CUNNINGHAM

Nunca se rebaja tanto el nivel de una conversación como cuando se alza la voz.

ANÓNIMO

Los ideales son como las estrellas: nunca las podemos tocar con las manos, pero al igual que los marinos en alta mar, las tenemos como nuestra guía y, siguiéndolas, llegamos a nuestro destino.

CARL SCHURZ

Lo que me molesta no es que me hayas mentido, sino que, de aquí en adelante, ya no podré creer en ti.

ANÓNIMO

PARABLE OF EDUCATION *

A parable told by William Cunningham, education adviser to Gov. George Deukmejian of California:

A man was out walking in the desert when a voice said to him:

"Pick up some pebbles and put them in your pocket, and tomorrow you will be both sorry and glad."

The man obeyed. He stooped down and picked up a handful of pebbles and put them in his pocket.

The next morning he reached into his pocket and found diamonds and rubies and emeralds.

And he was both glad and sorry.

Glad that he had taken some... sorry that he hadn't taken more. And so it is with God's word.

WILLIAM CUNNINGHAM

Never does the level of conversation fall so much as when a voice is raised.

ANONYMOUS

Ideals are like stars: we never reach them, but, like sailors on high sea, we chart our course by following them.

CARL SCHURZ

What bothers me is not that you have lied to me, but that, from now on, 1 won't be able to believe you.

ANONYMOUS

Por favor, Dios mío... ¡sólo tengo 17 años!

El día de mi muerte fue tan común como cualquier otro día de clases.

Hubiera sido mejor regresarme como siempre en el autobús, pero me molestaba el tiempo que tardaba en llegar a casa.

Recuerdo la mentira que le conté a mamá para que me prestara su automóvil; entre los muchos ruegos y súplicas, dije que todos mis amigos manejaban y que consideraría un favor especial que me lo prestara.

Cuando sonó la campana de las 2:30 de la tarde para salir de clases, tiré los libros al pupitre porque no los necesitaría hasta el otro día a las 8:40 de la mañana; corrí eufórico al estacionamiento a recoger el auto, pensando sólo en que iba a manejarlo a mi libre antojo.

¿Cómo sucedió el accidente? Eso no importa. Iba a exceso de velocidad, me sentía libre y gozoso, disfrutando el correr del auto. Lo último que recuerdo es que rebasé a una anciana, pues me desesperó su forma tan lenta de manejar.

Oí el ensordecedor ruido del choque y sentí un tremendo sacudimiento... Volaron fierros y pedazos de vidrio por todas partes; sentía que mi cuerpo se volteaba al revés y escuché mi propio grito.

De repente desperté. Todo estaba muy quieto y un policía estaba parado junto a mí. También vi a un doctor. Mi cuerpo estaba destrozado y ensangrentado, con pedazos de vidrio encajados por todas partes. Cosa rara, no sentía ningún dolor.

> *¡Oigan! No me cubran la cabeza con esa sábana.*
> *¡No estoy muerto, sólo tengo 17 años!*

Además, tengo una cita por la noche.
Todavía tengo que crecer y gozar de la vida...
¡No puedo estar muerto!

Después me metieron en una gaveta.
Mis padres tuvieron que identificarme.
Lo que más me apenaba es que me vieran así, hecho añicos.

Me impresionaron los ojos de mamá cuando tuvo que enfrentarse a la más terrible experiencia de su vida. Papá envejeció de repente cuando le dijo al encargado del anfiteatro:

> *Sí... éste es mi hijo.*

El funeral fue una experiencia macabra.

Vi a todos mis parientes y amigos acercarse a la caja mortuoria.
Pasaron uno a uno con los ojos entristecidos; algunos de mis amigos lloraban, otros me tocaban las manos y sollozaban al alejarse.

PLEASE, GOD, I'M ONLY 17! *

The day of my death was as ordinary as any school day.

It would have been better if I had taken the bus, as always, but I was annoyed with the long ride home.

I remember the lie I told my mother to convince her to lend me her car; begging and pleading, I told her that all my friends drive and I would consider it a special favor if she would lend it to me.

When the school bell rang at 2:30 that afternoon, I threw my books inside my desk, as I wouldn't need them until the next morning at 8:40. I ran euphoric to the parking lot to get the car, thinking only about the freedom to drive it as I pleased.

How did the accident happen? It doesn't matter. I was going over the speed limit, feeling free and happy, enjoying the ride. The last thing I remember is that I passed an old woman, exasperated by her slow speed.

Then I heard the deafening noise and force of the crash and felt a tremendous jolt. Pieces of metal and glass were flying all over the place; I felt my body going inside out and I heard my own scream.

Suddenly I awoke. Everything was very quiet and a policeman was standing by my side. I also saw a doctor. My body was broken and bleeding, studded with pieces of glass. Strangely, I felt no pain.

Hey! Don't put that sheet over my head.
I'm not dead, I'm only 17!

And I have a date tonight.
I still have to grow and enjoy a wonderful life...
I can't be dead!

Then they put me in a box.
My parents had to identify me.
The worst thing was that they had to see me like this, all smashed up, in bits and pieces.

I was shocked by Mom's eyes, when she had to face the most terrible experience of her life. Dad seemed to age suddenly when he told the morgue attendant:

Yes... this is my son

The funeral was a gruesome experience.

I watched all my relatives and friends approach the coffin.
They went by with saddened eyes; some of my friends were crying, others touched my hands and sobbed as they walked away.

¡Por favor, que alguien me despierte!
¡Sáquenme de aquí! No aguanto ver inconsolables a papá y mamá.

La aflicción de mis abuelos apenas les permite andar...
mis hermanas y hermanos parecen muñecos de trapo.
Pareciera que todos estuvieran en trance. Nadie quiere creerlo, ni yo mismo.

¡Por favor, no me pongan en la fosa!

Te prometo, Dios mío, que si me das otra oportunidad seré el más cuidadoso
del mundo al manejar. Sólo quiero una oportunidad más.

Por favor, Dios mío... ¡sólo tengo 17 años!

MICHAEL LEE POLIN
En memoria de Jimmy Rowe

*En última instancia, la solución de los problemas no consiste en HACER, ni en dejar
de HACER, sino en COMPRENDER; porque donde hay verdadera comprensión,
no hay problemas.*

ANTHONY DE MELLO

El que ríe, perdura.

WILFRED A. PETERSON

*Háznos dignos, Señor, para servir a esa gente a través del mundo que vive y muere en
pobreza y hambre. Dales a través de nuestras manos, este día, su pan diario, y por
nuestro comprensivo amor, dales paz y alegría.*

MADRE TERESA DE CALCUTA

Someone please wake me up!
Get me out of here! I can't bear seeing my parents so disconsolate.

My grandparents' grief is such that they can hardly walk.
My brothers and sisters look ragged.
Everyone is in a trance. Nobody can believe it, not even me.

   Please, don't put me in the grave!

I promise, God, that if you give me one more chance, I'll be the world's most
careful driver. All I want is one more chance.

   Please, God... I'm only 17!

MICHAEL LEE POLIN
In Memory of Jimmy Rowe

*In the final analysis, the solution to problems is not in DOING, or in ceasing to DO,
but in UNDERSTANDING, because where there is true understanding there are no
problems.*

ANTHONY DE MELLO

He who laughs lives longer.

WILFRED A. PETERSON

*Make us worthy, Lord, to serve those people throughout the world who live and die in
poverty and hunger. Give them through our hands, this day, their daily bread, and by
our understanding love, give them peace and joy.*

MOTHER THERESA OF CALCUTTA

TRES COSAS *

Conozco tres cosas preciosas.
Estimo y conservo las tres.

La primera de ellas es el amor,
la segunda es la austeridad,
la tercera es la humildad.

Con amor se puede ser valeroso,
con austeridad se puede ser generoso,
con humildad se puede progresar.

Si los hombres no sienten amor,
no tienen móvil para la valentía.
Si no tienen austeridad,
carecen de reservas para ser generosos.
Si no son humildes,
no progresan, porque no tienen una meta que alcanzar.

Y, cuando llega la muerte,
les domina el miedo, el dolor y la ignorancia.

LAO-TSÉ

CUANDO LAS COSAS *

Cuando las cosas no se desean,
es cuando llegan.

Cuando las cosas no se temen,
es cuando se alejan.

Por eso el sabio
quiere conocerse a sí mismo,
pero no se manifiesta.

Él ama a Dios,
pero no exalta la religión.

Él rechaza la violencia
y se afirma en la calma.

LAO-TSÉ

THREE THINGS

I know of three precious things.
I value and preserve the three.

The first is love,
the second is austerity,
the third is humility.

With love we can be valiant,
with austerity we can be generous,
with humility we can keep going forward.

Those who do not feel love
have no motive for bravery.
Those who do not have austerity
are unable to be generous.
Those who are not humble,
do not go forward, because they have no goal.

And when death arrives,
fear, pain and ignorance overcome them.

LAO-TSE

THINGS COME

Things come
when they are not desired.

Things depart
when they are not feared.

For this reason, the wise man
desires to know himself.
but does not show it.

He loves God,
but does not exalt religion.

He rejects violence,
and affirms tranquility.

LAO-TSE

Las palabras

Las palabras que expresan la verdad no son agradables;
las palabras que son agradables no expresan la verdad.

Un hombre bueno no discute;
el que discute no es hombre bueno.

El sabio no conoce muchas cosas;
el que conoce muchas cosas no es sabio.

El sabio no acumula para sí;
mientras más vive para otros, más vive para él mismo.

Mientras más da,
más tiene para sí mismo.

El camino al cielo es beneficiar a los demás y no dañar;
el camino del sabio es hacer, pero no competir.

Lao-Tsé

Todos saben

Cuando todos saben que la belleza es belleza, esto es malo.
Cuando todos saben que lo bueno es bueno, esto no es bueno.

Por lo tanto, ser y no-ser se hacen el uno para el otro.
La dificultad y la facilidad se complementan,
lo largo y lo corto se forman,
lo alto y lo bajo se contrastan,
la voz y el eco se conforman,
antes y después van de la mano.

Por ello, los sabios manejan un servicio sin esfuerzo
y llevan nuestra guía silenciosa.

Todos los seres trabajan, sin excepción:

Si viven sin ser posesivos,
actúan sin presunción,
y no piensan demasiado en el éxito,
entonces por esta actitud,
el éxito siempre los acompañará.

Lao-Tsé

Words *

True words are not beautiful;
beautiful words are not true.

A good man does not argue;
he who argues is not a good man.

The wise man has no extensive knowledge;
he who has extensive knowledge is not wise.

The sage does not accumulate for himself;
the more he lives for others, the more he has for himself

The more he gives to others;
the more he possesses of his own.

The Way of Heaven is to benefit others and not to injure;
the Way of the sage is to act but not to compete.

LAO-TSE

Everyone knows *

When everyone knows beauty is beauty, this is bad.
When everyone knows good is good, this is not good.

So being and non-being produce each other:
difficulty and ease complement each other,
long and short shape each other,
high and low contrast with each other,
voice and echoes conform to each other,
before and after go along hand in hand.

So sages manage effortless service
and carry our unspoken guidance.

All beings work, without exception:

If they live without possessiveness,
act without presumption,
and do not dwell on success,
then by this very non-dwelling
success will not leave.

LAO-TSE

SE NECESITA VALOR...*

Se necesita valor:

Para ser lo que somos y no pretender ser lo que no somos.

Para vivir honradamente dentro de nuestros recursos
y no deshonestamente a expensas de otro.

Para decir rotunda y firmemente que NO,
cuando los que nos rodean dicen SÍ.

Para negarnos a hacer una cosa mala aunque otros la hagan.

Para pasar las veladas en casa tratando de aprender.

Para huir de los chismes cuando los demás se deleitan con ellos.

Para defender a una persona ausente a quien se critica abusivamente.

Para ver en las ruinas de un desastre que nos mortifica,
humilla y traba, los elementos de un futuro éxito.

Para ser verdaderamente hombre o mujer, aferrados a nuestras ideas,
cuando éstas parecen ser extrañas a otros.

Para guardar silencio en ocasiones en que una palabra nos limpiaría
del mal que se dice de nosotros, pero perjudicaría a otra persona.

Para vestirnos según nuestros ingresos y negarnos a lo que
no podemos comprar.

ROSARIO SANSORES

WE NEED COURAGE...

We need courage:

To be what we are and not claim to be what we are not.

To live honestly with what we have and not dishonestly at the expense of others.

To say NO forcefully and firmly, when those around us say YES.

To refuse to do a wrong although others do it.

To stay up late at home trying to learn.

To avoid gossip, when others delight in it.

To defend someone who is absent and who is criticized cruelly.

To see in the ruins of a disaster that mortifies, humiliates and shackles us the elements of future success.

To be truly a man or a woman committed to our ideas when these make us appear strange to others.

To keep silent, when a single word would erase whatever wrong is said about us, but which might hurt another person.

To dress in accordance with our income and to say no to whatever we cannot afford to buy.

ROSARIO SANSORES

Si

Si puedes estar firme cuando a tu alrededor
    todo el mundo se ofusca y tacha tu entereza.
Si cuando dudan todos, confías en tu valor
    y al mismo tiempo sabes excusar tu flaqueza.
Si puedes esperar y a tu afán poner brida
    o, blanco de mentiras, esgrimir la verdad,
o, siendo odiado, al odio no dar cabida,
    y ni ensalzas tu juicio, ni ostentas tu bondad.

Si sueñas —pero el sueño no se vuelve tu rey;
    si piensas —y el pensar no mengua tus ardores.
Si el triunfo y el desastre no te imponen su ley
    y los tratas lo mismo como a dos impostores.
Si puedes soportar que tu frase sincera
    sea trampa de necios en boca de malvados,
o mirar hecha trizas tu adorada quimera
    y tornar a forjarla con útiles mellados.

Si todas tus ganancias, poniendo en un montón,
    las arriesgas osado en un golpe de azar, y las pierdes,
y luego con valeroso corazón,
    sin hablar de tus pérdidas vuelves a comenzar.
Si puedes mantener, en la ruda pelea,
    alerta el pensamiento y el músculo tirante,
para emplearlos cuando en ti todo flaquea,
    menos la voluntad que te dice: ¡adelante!

Si entre la turba das a la virtud abrigo;
    si marchando con reyes, del orgullo te has librado;
si no pueden herirte ni amigo ni enemigo;
    si eres bueno con todos, pero no demasiado;
y si puedes llenar los preciosos minutos
    con sesenta segundos de combate bravío,
tuya es la Tierra y sus codiciados frutos,
    y —lo que más importa— ¡serás Hombre, hijo mío!

RUDYARD KIPLING

No tomes la vida demasiado en serio, nunca saldrás vivo de ella.

ELBERT HUBBARD

If *

If you can keep your head when all about you
     are losing theirs and blaming it on you.
If you can trust yourself when all men doubt you,
     but make allowance for their doubting too.
If you can wait and not be tired by waiting,
     or being lied about, don't deal in lies,
or being hated, don't give way to hating,
     and yet don't look too good, nor talk too wise.

If you can dream —and not make dreams your master;
     if you can think— and not make thoughts your aim;
if you can meet with Triumph and Disaster
     and treat those two impostors just the same;
if you can bear to hear the truth you've spoken
     twisted by knaves to make a trap for fools,
or watch the things you gave your life to, broken,
     and stoop and build them up with worn-out tools.

If you can make one heap of all your winnings
     and risk it on one turn of pitch-and-toss,
and lose, and start again at your beginnings,
     and never breathe a word about your loss.
If you can force your heart and nerve and sinew
     to serve your turn long after they are gone,
and so hold on when there is nothing in you
     except the Will which says to them: Hold on!

If you can talk with crowds and keep your virtue,
     or walk with kings —nor lose the common touch.
If neither foes nor loving friends can hurt you;
     if all men count with you, but none too much.
If you can fill the unforgiving minute
     with sixty seconds' worth of distance run—
yours is the Earth and everything that's in it,
     and —which is more— you'11 be a Man, my son!

RUDYARD KIPLING

Do not take life too seriously, you'll never get out of it alive.

ELBERT HUBBARD

Todo lo que necesito saber lo aprendí en el kínder

Todo lo que es necesario saber para vivir, cómo hacer y cómo ser, lo aprendí en el kinder. La sabiduría no se encuentra al final de la maestría universitaria, sino en la pila de arena de la escuela.

Esto es lo que aprendí:

> Comparte todo.
> Juega limpio.
> No golpees a las personas.
> Pon las cosas donde las encontraste.
> Limpia tu tiradero.
> No tomes lo que no te pertenece.
> Pide perdón cuando hieras a alguien.
> Lávate las manos antes de comer.
> Jálale.
> Pan caliente y leche fría son buenos para ti.

Vive una vida equilibrada y aprende algo, piensa algo, dibuja y pinta, canta, baila, juega y trabaja cada día un poco.

Duerme una siesta por las tardes.

Cuando salgas al mundo, pon atención, tómate de las manos y permanece unido.

> *¡Maravíllate!*

Recuerda la semillita que sembraste en un frasco con algodón. Las raíces bajaban y la planta crecía. Nadie sabe cómo ni por qué, nosotros somos así.

> Peces dorados, hamsters, ratoncillos blancos y hasta esa semillita, todos mueren. Nosotros también.

> Recuerda los libros de la niñez y la primera palabra que aprendiste ¡Mira!

Todo lo que necesitas saber está dentro de ti, en alguna parte. La regla de oro y el amor y la limpieza básica. Ecología y política, igualdad y vida sana.

Toma cualquiera de estos puntos y aplícalos al sofisticado mundo de los adultos y a tu vida familiar, a tu trabajo, al gobierno y al mundo, y verás que sostiene la verdad clara y firme.

> *¡Piensa qué clase de mundo tendríamos si todas las personas se comportaran así!*

Robert Fulghum

ALL I REALLY NEED TO KNOW I LEARNED IN KINDERGARTEN*

All I really need to know about how to live and what to do and how to be I learned in kindergarten. Wisdom was not at the top of the graduate school mountain, but there in the sand pile at school.

These are the things I learned:

> Share everything.
> Play fair.
> Don't hit people.
> Put things back where you found them.
> Clean up your own mess.
> Don't take things that aren't yours.
> Say you're sorry when you hurt somebody.
> Wash your hands before you eat.
> Flush.
> Warm cookies and cold milk are good for you.

Live a balanced life, learn some, think some, draw and paint, sing, dance, play and work every day some.

Take a nap every afternoon.

When you go out in the world, hold hands and stick together.

> *Feel wonder!*

Remember the little seed in the styrofoam cup: the roots go down and the plant goes up and nobody really knows how or why, but we are all like that.

> Goldfish and hamsters and white mice and even the little seed in the styrofoam cup —they all die. So do we.

> And then remember the Dick-and-Jane books and the first word you learned —the biggest word of all— LOOK.

Everything you need to know is in there somewhere. The golden rule and love and basic sanitation. Ecology and politics and equality and sane living.

Take any one of those items and extrapolate it into sophisticated adult terms and apply it to your family life or your work or government or your world and it holds true and clear and firm.

> *Think what a better world it would be if we all — the whole world — behaved thus!*

ROBERT FULGHUM

LA VIDA ES UNA OPORTUNIDAD

La vida es una oportunidad, aprovéchala.

La vida es belleza, admírala.

La vida es dicha, saboréala.

La vida es un sueño, hazlo realidad.

La vida es un reto, afróntalo.

La vida es un deber, cúmplelo.

La vida es un juego, juégalo.

La vida es costosa, cuídala.

La vida es riqueza, consérvala.

La vida es amor, gózala.

La vida es un misterio, devélalo.

La vida es una promesa, lógrala.

La vida es tristeza, supérala.

La vida es un himno, cántalo.

La vida es un combate, acéptalo.

La vida es una tragedia, enfréntala.

La vida es una aventura, arróstrala.

La vida es suerte, persíguela.

La vida es preciosa, no la destruyas.

La vida es la VIDA, defiéndela.

MADRE TERESA DE CALCUTA

LIFE IS AN OPPORTUNITY*

Life is an opportunity, benefit from it.

Life is beauty, admire it.

Life is bliss, taste it.

Life is a dream, make it come true.

Life is a challenge, meet it.

Life is a duty, complete it.

Life is a game, play it.

Life is costly, care for it.

Life is wealth, keep it.

Life is love, enjoy it.

Life is mystery, know it.

Life is a promise, fulfill it.

Life is sorrow, overcome it.

Life is a song, sing it.

Life is a struggle, accept it.

Life is a tragedy, confront it.

Life is an adventure, face it.

Life is luck, pursue it.

Life is too precious, do not destroy it.

Life is LIFE, fight for it.

MOTHER THERESA OF CALCUTTA

EL EFECTO DEL EJEMPLO *

¿Quieres ser una influencia positiva para el mundo?

¡Primero, pon en orden tu vida!

Básate en el principio único, de manera que tu conducta sea íntegra y eficaz.
Si así haces, ganarás respeto y serás una influencia poderosa.
Tu conducta influye en otros por el efecto del ejemplo.

El efecto del ejemplo es eficaz porque todos tienen influencia sobre todos.
La gente poderosa tiene poderosa influencia.

Si tu vida funciona, influirás en tu familia.

Si tu familia funciona, tu familia influirá en la comunidad.

Si tu comunidad funciona, tu comunidad influirá en el país.

Si tu país funciona, tu país influirá en el mundo.

Si tu mundo funciona, el efecto del ejemplo se repartirá por el cosmos.

Recuerda que tu influencia empieza en ti y se multiplica hacia afuera.
Por lo tanto, asegúrate de que tu influencia sea a la vez potente e íntegra.

¿Cómo sabrás si esto funciona?

Todo crecimiento avanza hacia afuera de un núcleo fértil y potente.

¡Tú eres ese núcleo!

LAO-TSÉ

Haz todo el bien que puedas,
por todos los medios que puedas,
de todas las maneras que puedas,
en todos los lugares que puedas,
todas las veces que puedas,
a toda la gente que puedas,
durante todo el tiempo que puedas...
y no lo menciones.

JOHN WESLEY

THE RIPPLE EFFECT

Do you want to be a positive influence in the world?

First, get your own life in order!

Ground yourself in this single principle so that your behavior is wholesome and effective. If you do that, you will earn respect and be a powerful influence. Your behavior influences others through a ripple effect.

A ripple effect works because everyone influences everyone else.
Powerful people are powerful influences.

> If your life works, you will influence your family.

> If your family works, your family influences the community.

> If your community works, your community influences the nation.

> If your nation works, your nation influences the world.

> If your world works, the ripple effect spreads throughout the cosmos.

Remember that your influence begins with you and ripples outward.
So be sure that your influence is both potent and wholesome.

How do I know that this works?

All growth spreads outward from a fertile and potent nucleus.

You are that nucleus!

LAO-TSE

Do all the good you can,
by all the means you can,
in all the ways you can,
in all the places you can,
at all the times you can,
to all the people you can,
as long as you can...
and don't mention it.

JOHN WESLEY

PROCURA IMPRIMIR ESTOS PRECEPTOS EN TU MEMORIA

Procura imprimir estos preceptos en tu memoria:
Examina tu carácter. No propales tus pensamientos,
ni ejecutes nada inconveniente.

Sé sencillo, pero no en modo vulgar.

Los amigos que escojas y cuya adopción hayas puesto a prueba,
sujétalos a tu alma, con aros de acero;
pero no encallezca tu mano con agasajos
a todo camarada recién salido del cascarón.

Guárdate de andar en pendencia, pero, una vez en ella,
obra de modo que sea el contrario quien se guarde de ti.

Presta a todos tu oído, pero a pocos tu voz,
toma la crítica de la gente, pero resérvale tu juicio.

Que tu vestido sea tan costoso como tu bolso lo permita,
pero sin afectación en la hechura: rico, pero no extravagante;
porque el traje revela al sujeto,
y en Francia, las personas de más alto rango y posición,
son en esto, modelo de finura y esplendidez.

No pidas ni des prestado a nadie,
pues el prestar hace perder a un tiempo al dinero y al amigo;
y el tomar prestado embota el filo de la armonía.

Y sobre todo: sé sincero contigo mismo,
y de ello se seguirá, como la noche al día,
que nunca puedas ser falso con nadie.

WILLIAM SHAKESPEARE

Si te atrae una lucecita, síguela. Si te conduce al pantano, ya saldrás de él.
Pero si no la sigues, toda la vida te mortificarás pensando que acaso era tu estrella.

SÉNECA

Inscribe these few precepts in thy memory *

Inscribe these few precepts in thy memory.
See though character. Give thy thoughts no tongue,
nor execute nothing inconvenient.

Be thou familiar, but by no means vulgar.

The friends thou hast, and their adoption tried,
grapple them to thy soul with hoops of steel;
but do not dull thy palm with entertainment
of each new-hatch'd, unfledg'd comrade.

Beware of entrance to a quarrel, but being in,
bear't that the opposer may beware of thee.

Give every man thine ear, but few thy voice;
take each man's censure, but reserve thy judgment.

Costly thy habit, as thy purse can buy,
but not express'd in fancy: rich, not gaudy:
for the apparel oft proclaims the man;
and they in France of the best rank and station,
are most select and generous, chief in that.

Neither a borrower nor a lender be,
for loan oft loses both itself and friend,
and borrowing dulls the edge of husbandry.

This above all: to thine own self be true,
and it must follow, as the night the day,
thou canst not then be false to any man.

WILLIAM SHAKESPEARE

If a light attracts you, follow it. If it takes you to a swamp, you'll manage to get out. But if you don't follow it, you'll spend the rest of your life wondering if it was your star.

SENECA

Nunca... *

Nunca digas todo lo que sabes,
nunca hagas todo lo que puedes,
nunca creas todo lo que oyes,
nunca gastes todo lo que tienes.

Porque quien dice todo lo que sabe,
hace todo lo que puede,
cree todo lo que oye,
y gasta todo lo que tiene;

Un día dirá lo que no sabe,
hará lo que no debe,
juzgará lo que no ve,
y gastará lo que no tiene.

INSCRIPCIÓN EN LAS RUINAS DE PERSÉPOLIS

He aprendido a amar tanto el sol como la lluvia, la pregunta como la respuesta, tanto la compañía como la soledad.

IRENE FOHRI

Todo lo que embellece, nutre y alienta la vida, es bueno.
Todo lo que afea, mutila y apaga, es malo.

ALBERT SCHWEITZER

NEVER...

Never say all you know,
never do all you can,
never believe all you hear,
never spend all you have.

Because he who says all he knows,
does all he can,
believes all he hears
and spends all he has...

... some day will say what he does not know,
do what he should not do,
judge what he does not see,
and spend what he does not have.

INSCRIPTION AT THE RUINS OF PERSEPOLIS

I have learned to love...the sun as much as the rain, the question as much as the answer, companionship as much as solitude.

IRENE FOHRI

All that beautifies, nurtures and sustains life is good.
All that brings ugliness, mutilates and extinguishes is bad.

ALBERT SCHWEITZER

SE ENNOBLECE TU VIDA *

Cultivando tres cosas:
La bondad, la sabiduría y la amistad.

Buscando tres cosas:
La verdad, la filosofía y la comprensión.

Amando tres cosas:
La cordialidad, la alegría y la conducta.

Gobernando tres cosas:
El carácter, el lenguaje y la conducta.

Apreciando tres cosas:
La cordialidad, la alegría y la decencia.

Defendiendo tres cosas:
El honor, los amigos y a los débiles.

Admirando tres cosas:
El talento, la dignidad y la gracia.

Excluyendo tres cosas:
La ignorancia, la ofensa y la envidia.

Combatiendo tres cosas:
La mentira, el ocio y la calumnia.

Conservando tres cosas:
La salud, el prestigio y el buen humor.

Anónimo

Sólo la reconciliación salvará al mundo; no la justicia, que suele ser una forma de venganza.

Anónimo

YOUR LIFE IS ENNOBLED

By cultivating three things:
    Goodness, wisdom and friendship.

Seeking three things:
    Truth, philosophy and understanding.

Loving three things:
    Courtesy, bravery and service.

Governing three things:
    Character, language and conduct.

Appreciating three things:
    Cordiality, happiness and decency.

Defending three things:
    Honor, friends and the feeble.

Admiring three things:
    Talent, dignity and grace.

Excluding three things:
    Ignorance, offense and envy.

Fighting three things:
    Lies, laziness and slander.

Preserving three things:
    Health, prestige and good humor.

ANONYMOUS

Only reconciliation will save the world; not justice, which tends to be a form of vengeance.

ANONYMOUS

Trabajo y éxito
Work and success

Lo más importante no es TRABAJAR, sino PRODUCIR y
disfrutar el fruto de nuestro trabajo.

The most important thing is not simply TO WORK,
but TO ACCOMPLISH and enjoy the fruits of your efforts.

ROGER PATRÓN LUJÁN

No cuesta ningún trabajo... *

Porque la mitad de nuestros fracasos y desengaños provienen precisamente de ese afán de querer ser lo que no somos y querer aparentar lo que tampoco somos, empeñándonos en vivir fuera de la realidad.

Hay quienes, por querer aparentar una riqueza que no tienen, se llenan de deudas que acaban por robarles el sueño y la tranquilidad.

No hay ni puede haber humillación en reconocer nuestros yerros y procurar corregirlos. No cuesta ningún trabajo ser honrado.

¡Un nombre limpio es el mejor tesoro y la mejor herencia que podemos legar a nuestros hijos!

Rosario Sansores

Conseguirás la grandeza cuando prescindas de la dignidad de los que están por encima de ti y hagas que los que están por debajo prescindan de tu dignidad.

Cuando no seas arrogante con el humilde, ni humilde con el arrogante.

Anthony de Mello

Lo que es bueno para ti puede no serlo para otros.
Entonces, ¿qué te hace pensar que tu manera es la mejor?

Anónimo

IT TAKES NO EFFORT...

Because half of our failures and disappointments derive from the desire to be what we are not and to appear as we are not, we must try to live outside of reality.

There are those who, wishing to give the appearance of wealth which they do not have, load themselves with debts that rob them of their sleep and tranquility.

There is not, and cannot be humiliation in recognizing our errors and in trying to correct them. It takes no effort to be honest.

A spotless name is the greatest treasure and the greatest legacy we can leave to our children!

ROSARIO SANSORES

You achieve greatness when you are oblivious of the dignity of those above you and make those below you oblivious of yours.

When you are neither haughty with the humble nor humble with the arrogant.

ANTHONY DE MELLO

What works for you may not work for someone else. So what makes you think your way is so much better?

ANONYMOUS

EL PODER DEL TIEMPO *

Toma tiempo para pensar,
es el recurso del poder.

Toma tiempo para jugar,
es el secreto de la eterna juventud.

Toma tiempo para leer,
es la fuente de la sabiduría.

Toma tiempo para orar,
es el más grande poder en la tierra.

Toma tiempo para ser amigable,
es el camino de la felicidad.

Toma tiempo para reír,
es la música del alma.

Toma tiempo para dar,
es demasiado corta la vida para ser egoísta.

Toma tiempo para trabajar,
es el precio del éxito.

Toma tiempo para dar amor,
es la llave del cielo.

ANÓNIMO

*Dame, Señor,
agudeza para entender,
capacidad para retener,
método y facultad para aprender,
sutileza para interpretar,
gracia y abundancia para hablar.*

*Dame, Señor,
acierto al empezar,
dirección al progresar
y perfección al acabar.*

SANTO TOMÁS DE AQUINO

TAKE TIME

Take time to think;
     it is the source of power.

Take time to play;
     it is the secret of eternal youth.

Take time to read;
     it is the fountain of wisdom.

Take time to pray;
     it is the greatest power on earth.

Take time to be friendly;
     it is the road to happiness.

Take time to laugh;
     it is the music of the soul.

Take time to give;
     life is too short to be selfish.

Take time to work;
     it is the price of success.

Take time to give love;
     it is the key to heaven.

ANONYMOUS

Grant me, Lord,
keenness to understand,
capacity to retain,
method and ability to learn,
subtlety to interpret,
grace and abundance to speak.

Grant me, Lord,
ability to begin,
direction to progress,
and perfection at the end.

SAINT THOMAS AQUINAS

Tú decides *

Hasta el día de hoy, has vivido buscando y encontrando una causa de por qué no te salen bien las cosas. Tener siempre una buena razón para justificarte es fácil, pero nunca te conducirá al logro de tus objetivos.

Aceptar y ejercer tu responsabilidad personal implica deshacerte del salvavidas que medio te mantiene a flote y probarte que eres capaz de hacerlo por ti mismo y, más aún, que eres capaz de avanzar en la dirección que tú deseabas.

¡Tú decides!

Si sigues responsabilizando a los demás de tus desventuras y permites que un así soy yo, ¿qué quieres que haga? te detenga, y si continúas actuando conforme a lo que te indican los demás y aceptas que otras personas sean las que te digan qué está bien y qué está mal.

¡Por favor, no te quejes cuando no consigas lo que quieres!
Las personas, aun las que te aman, no saben a dónde vas.

¡Esa decisión es sólo tuya!

Ejercerla es aceptar que tu vida tiene una razón de ser y que es tu responsabilidad encontrarla, como tuya será también la satisfacción de haberla alcanzado.

Anónimo

El que degrada a los demás, se degrada a sí mismo.

Anónimo

La paciencia es la virtud de los fuertes.

Anónimo

No hay víctimas, sólo voluntarios.

Anónimo

It's up to you

Up to now, you have lived seeking and finding a reason for why things don't work out for you. It is easy to always have a good reason to justify yourself, but this will never help you to achieve your goals.

Accepting and exercising your personal responsibility involves throwing off the life preserver that keeps you half afloat, and proving that you are capable of doing it by yourself and furthermore, that you are capable of advancing in the direction that you desire.

> You decide!

If you continue to blame others for your misfortunes and allow yourself to be held back by saying, "That's just the way I am," or "What do you want me to do?" and if you continue acting according to what others tell you and allow other people to tell you what is good and what is bad...

Then please don't complain when you don't get what you want! Other people, even those who love you, don't know where you are going.

> The decision is yours alone!

And to make it is to accept that your life has a reason for being and that it is your responsibility to find it, as yours will be the feeling of satisfaction in achieving it.

> ANONYMOUS

They who degrade others, degrade themselves.

> ANONYMOUS

Patience is the virtue of the strong.

> ANONYMOUS

There are no victims, only volunteers.

> ANONYMOUS

NO DESISTAS

Cuando vayan mal las cosas como a veces suelen ir,
cuando ofrezca tu camino sólo cuestas que subir,
cuando tengas poco haber, pero mucho que pagar,
y precises sonreír aun teniendo que llorar,
cuando ya el dolor te agobie y no puedas más sufrir,
descansar acaso debes, ¡pero nunca desistir!

Por las sendas de la vida, con sus viros y virajes,
que, a veces, nos descubren en un solo aprendizaje,
que fracasos, a menudo, pudimos haber evitado,
con tan sólo insistir, a cambio de haber cejado.
No desistas nunca, nunca, pues aun a paso lento,
lograrás tal vez el triunfo, aunque no en un solo intento.

Esa meta que, al seguir, aparece tan distante
para aquel que desfallece y se muestra titubeante,
no lo es para quien logra, sin rendirse, proseguir
y el tan anhelado premio en la vida conseguir,
cuántos hay que, ya muy tarde, con tristeza se cercioran
de haber estado a las puertas de lo que ahora tanto añoran.

Tras las sombras de la duda, ya plateadas, ya sombrías,
puede bien surgir el triunfo, no el fracaso que temías,
y no es dable a tu ignorancia figurarse cuán cercano
pueda estar el bien que anhelas y que juzgas tan lejano.
Lucha, pues, por más que tengas en la brega que sufrir,
cuando todo esté peor, más debemos insistir.

Anónimo

Sólo puedes tener dos cosas en la vida.
Razones o resultados. Las razones no cuentan.

Anónimo

Trabajo pesado es, por lo general, la acumulación de tareas livianas que no se hicieron a
tiempo.

Anónimo

Don't quit *

When things go wrong, as they sometimes will,
when the road you're trudging seems all uphill,
when the funds are low and the debts are high,
and you want to smile, but you have to sigh.,
when care is pressing you down a bit,
rest, if you must; but don't you quit!

Life is queer with its twists and turns,
as everyone of us sometimes learns,
and many a failure turns about
when he might have won had he stuck it out;
don't give up, though the pace seems slow,
you may succeed with another blow.

Often the goal is nearer than
it seems to a faint and faltering man,
often the struggler has given up
when he might have captured the victor's cup,
and he learned too late, when the night slipped down,
how close he was to the golden crown.

Success is failure turned inside out,
the silver tint of the clouds of doubt,
and you never can tell how close you are,
it may be near when it seems far;
so stick to the fight when you're hardest hit,
it's when things seem worst that you mustn't quit!

ANONYMOUS

*You can only have two things in life:
Reasons or Results. Reasons don't count.*

ANONYMOUS

*Unpleasant work, in general, is the accumulation of little tasks which were not
completed on time.*

ANONYMOUS

EL ÉXITO COMIENZA CON LA VOLUNTAD

Si piensas que estás vencido, lo estás;
si piensas que no te atreverás, no lo harás;
si piensas que te gustaría ganar, pero que no puedes,
es casi seguro que no lo lograrás.

Si piensas que vas a perder, ya has perdido,
porque en el mundo encontrarás
que el éxito empieza con la voluntad,
todo está en tu estado de ánimo.

Si piensas que estás adelante, lo estás;
tienes que tirarle alto para elevarte,
tienes que estar seguro de ti mismo,
antes de ganar un premio.

La batalla de la vida no siempre la gana
el hombre más fuerte o más ligero,
porque, tarde o temprano, el hombre que gana
es aquél que cree poder hacerlo.

NAPOLEÓN HILL

*Si te preocupas por lo que podría SER y divagas en lo que podría HABER SIDO,
nunca sabrás lo que ES.*

ANÓNIMO

THE MAN WHO THINKS HE CAN *

If you think you are beaten, you are;
if you think that you dare not, you don't;
if you'd like to win, but you think you can't,
it's almost a cinch you won't.

If you think you'll lose, you've lost,
for out in the world you'll find
success begins with a fellow's will,
it's all in the state of mind.

If you think you're outclassed, you are:
you have to think high to rise,
you have to be sure of yourself
before you can win a prize.

Life's battles don't always go
to the stronger or faster man,
but sooner or later the man who wins,
is the one who thinks he can.

NAPOLEON HILL

*If you worry about what might BE, and wonder what might HAVE BEEN,
you will never know what IS.*

ANONYMOUS

VICTORIA PARA QUIENES PERSEVERAN *

Iniciar una obra es cosa relativamente fácil; basta con avivar un poco
la lumbre del entusiasmo.

Perseverar en ella hasta alcanzar el éxito es cosa diferente; eso ya es algo
que requiere continuidad y esfuerzo.

Comenzar está al alcance de todos; continuar distingue a los hombres de carácter.

Por eso la médula de toda obra grande —desde el punto de vista de su
realización práctica— es la perseverancia, virtud que consiste en llevar las
cosas hasta el final.

Es preciso, pues, ser perseverante, formarse un carácter no sólo intrépido,
sino persistente, paciente, inquebrantable.

El verdadero carácter no conoce más que un lema: la victoria.

Y sufre con valor, con serenidad y sin desaliento, la más grande de
las pruebas: la derrota.

La lucha tonifica el espíritu pero, cuando falta carácter, la derrota lo reprime
y desalienta.

Hemos nacido para luchar.

Las más grandes victorias corresponden siempre a quienes se preparan, a
quienes luchan y a quienes perseveran.

ANÓNIMO

Mientras culpes a otros, renuncias a tu poder para cambiar.

ANÓNIMO

VICTORY FOR THOSE WHO PERSEVERE

It is relatively easy to begin a task; it is enough that we rekindle the fire of enthusiasm.

To stick with the task until achieving success is a different matter: this requires continuity and effort.

Everyone can begin; the ability to continue is what distinguishes men of character.

For this reason, the source of all great works —from the point of view of their practical fulfillment— is perseverance: the virtue of carrying things through to the end.

We must persevere. We must form a character which is not only fearless but also persistent, patient and unbending. Only this can be called true character.

True character has only one motto: victory.

And it suffers bravely, serenely and without discouragement, greatest of tests: defeat.

Struggle invigorates the spirit, but when the spirit lacks character, defeat represses it and disheartens it.

We were born to fight.

The greatest victories always go to those who prepare themselves, to those who fight and to those who persevere.

ANONYMOUS

When you blame others, you give up your will to change.

ANONYMOUS

Si quieres tener éxito como dirigente

No te desanimes al encontrar obstáculos.

Si vas a desanimarte al primer indicio de oposición o adversidad, no llegarás muy lejos en el camino del éxito.

Presta poca atención a los que quieran obligarte a que te ocupes de sus caprichos y antojos.

Debemos tener fe en nuestros propios esfuerzos y en nuestro ánimo para perseverar en nuestras intenciones.

No te preocupes si eres un individuo con reducido o amplio talento; preocúpate por dar lo mejor que tengas, sin importar lo reducido o vasto que sea.

JOHN MACKIE

Hay personas en este mundo que son alegres y parecen poseer más energía que el resto de nosotros. Esto es porque no la desperdician en represión y autocontemplación. Sentirse desdichado no es un pasatiempo, sino un trabajo de tiempo completo.

ERICA JONG

Debo ser fuerte sin ser arrogante,
ser amable sin ser débil,
aprender con orgullo sin ser arrogante,
aprender a ser gentil sin ser suave.

Ser humilde sin ser tímido,
ser valeroso sin ser agresivo,
ser agradecido sin ser servil,
ser reflexivo sin ser flojo.

ANÓNIMO

IF YOU WANT TO BE A SUCCESSFUL MANAGER *

Don't let obstacles discourage you.

If you give up at the first sign of opposition or adversity, you won't get far on the road to success.

Pay little attention to those who would make you worry about your whims and fancies.

In order to carry things through, we must have faith in our own efforts and trust our own energy.

Don't worry about whether you have enough talent; just give the best that you can without measuring its magnitude.

JOHN MACKIE

Some people in this world seem to be happier and seem to have more energy than the rest of us. This is because they don't waste their energy on repression or self-contemplation. Feeling miserable is not a pastime, but a full-time job.

ERICA JONG

*I must be strong without being rude,
kind without being weak,
learn proudly without arrogance,
learn to be gentle without being soft.*

*I must be humble but not timid,
valiant but not aggressive,
grateful but not subservient,
reflexive but not lazy.*

ANONYMOUS

LAS PALABRAS MÁS IMPORTANTES PARA EL EJECUTIVO *

Las seis palabras más importantes:

YO ADMITO QUE COMETÍ UN ERROR

Las cinco palabras más importantes:

ME SIENTO ORGULLOSO DE USTED

Las cuatro palabras más importantes:

¿CUÁL ES SU OPINIÓN?

Las tres palabras más importantes:

HÁGAME EL FAVOR

Las dos palabras más importantes:

MUCHAS GRACIAS

La palabra más importante:

NOSOTROS

La palabra menos importante:

YO

... y recuerda:

¡ANTES DEL HONOR ESTÁ LA HUMILDAD!

ANÓNIMO

Es muy agradable ser importante, pero es más importante ser agradable.

ANÓNIMO

THE MOST IMPORTANT WORDS FOR THE EXECUTIVE

The six most important words:

    I ADMIT I MADE A MISTAKE

The five most important words:

    I AM PROUD OF YOU

The four most important words:

    WHAT IS YOUR OPINION?

The three most important words:

    WOULD YOU PLEASE?

The two most important words:

    THANK YOU

The one most important word:

    WE

The least important word:

    I

... and remember:

    HUMILITY BEFORE HONOR

ANONYMOUS

It is very nice to be important, but it is more important to be nice.

ANONYMOUS

¡EL TRABAJO ES UN PRIVILEGIO! *

Alégrate de contar con un trabajo que te brinda la oportunidad de:

ofrecer lo mejor a tu familia;
realizarte como ser humano;
disfrutar de la vida;
ser mejor cada día;
perfeccionar tus habilidades;
aplicar tus conocimientos;
desarrollar tu potencial;
alcanzar las metas de tu empresa;
contribuir a la productividad;
hacer productos con calidad y
cooperar al engrandecimiento de tu país.

Por ello, afirma con entusiasmo cada día de tu vida:

¡El trabajo es un privilegio!

ROGER PATRÓN LUJÁN

Recuerda que cualquier cosa que valga la pena, lleva en sí el riesgo del fracaso.

LEE IACOCCA

Algunas personas están deseosas de trabajar, siempre y cuando puedan empezar desde la gerencia en adelante.

ANÓNIMO

Ser hombre es saber decir me equivoqué y proponerse no repetir el mismo error.

ANÓNIMO

TO WORK IS A PRIVILEGE!

Rejoice that you have a job that gives you the opportunity to:

> Offer the best to your family,
> fulfill yourself as a human being,
> enjoy life,
> be better each day,
> polish your skills,
> apply your knowledge,
> develop your potential,
> reach your company's goals,
> contribute to productivity,
> make quality products,
> participate in the greatness of your country.

Therefore, every day of your life, exclaim with enthusiasm:

> *To work is a privilege!*

ROGER PATRÓN LUJÁN

Remember that anything that is worthwhile carries in itself the risk of failure.

LEE IACOCCA

Some people are willing to work only if they can start at the top and work up.

ANONYMOUS

To be a man is to say I was wrong and to try not to make the same mistake again.

ANONYMOUS

RIQUEZA

WEALTH

La verdadera riqueza está más allá de lo tangible.

True riches are beyond the tangible.

ROGER PATRÓN LUJÁN

POBREZA *

El otro día me encontré con un individuo de esos que abundan:

> *¡Un pobre hombre rico!*

Es dueño de varias fincas, de bonos y de acciones de diversas compañías; tiene una jugosa cuenta corriente en el banco.

Pero es pobre. Lleva en su mente la esencia de la pobreza porque siempre teme gastar unos centavos, sospecha de todo el mundo, se preocupa demasiado de lo que tiene y le parece poco.

La pobreza no es carencia de cosas: es un estado de ánimo.
No son ricos los que tienen todo en abundancia.
Sólo se es rico cuando el dinero no le preocupa a uno.

Si tú tienes dos pesos y no te lamentas de no tener más, eres más rico que el que tiene dos millones y no puede dormir porque no tiene cuatro.

Pobreza no es carencia; es la presión de la carencia.
La pobreza está en la mente, no en el bolsillo.

El pobre hombre rico se angustia por la cuenta del súper que es muy alta, porque el hielo cuesta mucho, porque consume electricidad y gas. Siempre está buscando el modo de disminuir el salario de los sirvientes. Le duele que su mujer le pida dinero, se angustia por el gasto de sus hijos.

Las peticiones de aumento de sueldo de sus empleados lo enfurecen.

En fin, tiene los síntomas e inconvenientes de la pobreza que sufre su jardinero, alguien que realmente no tiene dinero. Y, aún más, ¿qué diferencia hay entre él y un pordiosero?

La única finalidad del dinero es proporcionar comodidad, alejar temores y permitir una vida de libertad espiritual. Si tú no disfrutas de esas ventajas, tengas cuanto tengas, eres un pobre hombre rico.

Pero si puedes experimentar esa sensación de libertad, esa confianza en el mañana, esa idea de abundancia que se dice proporciona el dinero, serás rico aunque seas pobre. Piensa en esto: si quieres ser rico, sélo. Es más fácil que hacerse rico.

> *¡Inténtalo!*

El dinero en sí no significa nada. Su verdadero valor reside en lo que con él podamos realizar en favor de los demás y de nosotros mismos.
¡Ésta es, a nuestro juicio, la auténtica finalidad del dinero!

ATRIBUIDO A FRANK CRANE

POVERTY

The other day I met one of those people you see so many of:

A poor rich man!

He is the owner of several properties and bonds, and holds stocks in various companies; he has a juicy checking account in the bank.

But he is poor. His mind holds the essence of poverty, because he is constantly afraid to spend a few cents, he is suspicious of the entire world, he worries too much about what he has and thinks it's not enough.

Poverty is not a lack of things: it is a state of mind.
Those who have everything in abundance are not rich.
Only those who do not worry about money can truly be called rich.

If you have two dollars and don't lament that you don't have more, you are richer than he who has two million and cannot sleep because he wishes he had four.

Poverty is not a lack; it is the pressure of need.
Poverty is in the mind, not in the wallet.

The poor rich man anguishes over the high bills from his food store, over the high price of ice, because he consumes electricity and gas. He is always seeking ways to lower the wages of his servants. He worries when his wife asks him for money, he is distressed by what his children spend.

His employees' requests for raises creep on his nerves.

He has all the same symptoms and worries as his gardener, someone who truly does not have money. And still more, what real difference is there between the poor rich man and a street beggar?

The only purpose of money is to offer comfort, protection from fear and to permit a life of spiritual freedom. If you do not enjoy these advantages, no matter how much you may have, you are a poor rich man.

But if you can experience that sense of freedom, that confidence in tomorrow, that idea of abundance which they say money gives, then you will be rich even if you have no money.

Think of this: if you want to be rich, be so. Being rich is easier than becoming rich.
Try it!

Money does not mean anything by itself. Its true value resides in what we can do with it for others and for ourselves. This is, in my judgment, its authentic meaning.

ATTRIBUTED TO FRANK CRANE

CUENTA LO QUE POSEES*

No enumeres jamás en tu imaginación lo que te hace falta.

Cuenta, por el contrario, todo lo que posees; detállalo, si es preciso, hasta la nimiedad y verás que, en suma, la vida ha sido espléndida contigo.

Las cosas bellas se adueñan tan suavemente de nosotros, y nosotros con tal blandura entramos en su paraíso, que casi no advertimos su presencia.

De allí que nunca les hagamos la justicia que se merecen.

La menor espina, en cambio, como araña, nos sacude la atención con un dolor y nos deja la firma de ese dolor en la cicatriz. De allí que seamos tan parciales al contar las espinas.

Pero la vida es generosa en sumo grado; haz inventario estricto de tus dones y te convencerás.

Imaginemos, por ejemplo, que un hombre joven, inteligente, simpático a todos, tuviese una enfermedad crónica.

No debería decir: Tengo este mal o aquél, o me duele siempre esto o aquello, o no puedo gustar de este manjar o de aquél...

Debería decir: Soy joven, mi cerebro es lúcido, me aman; poseo esto, aquello, lo de más allá; gozo con tales y cuales espectáculos, tengo una comprensión honda y deliciosa de la naturaleza...

Vería entonces, el enfermo aquel, que lo que le daña se diluiría como una gota de tinta en el mar.

AMADO NERVO

El oído perfecto consiste en escuchar, no tanto a los demás cuanto a uno mismo.
La visión perfecta consiste en mirar, no tanto a los demás cuanto a uno mismo.

ANÓNIMO

Count what you have

Never enumerate in your imagination what you lack.

On the other hand, count all that you possess, in detail if necessary, even to the tiniest bit, and you will see that, as a whole, life has been generous to you.

Beautiful things possess us so gently that when we enter into their paradise with such delicacy, we hardly notice their presence.

This is why we never do them the justice they deserve.

The smallest thorn, however, is like a spider, that catches our attention and leaves in the scar its tiny signature of pain. It is thus that we are so prone to count the thorns.

But life is generous in the highest degree; make a strict inventory of your gifts and you will be convinced.

Let us imagine, for example, that an intelligent, congenial young man is chronically ill.

He should not say, I have such and such ailment or This or that always hurts me or I can't enjoy this or that food...

He should say, I'm young, my brain is clear, I am loved. I have this, that or the other. I enjoy such and such entertainment, I have a deep and delightful comprehension of nature...

The sick man will then see that whatever hurts him will dissipate like a drop of ink in the ocean.

Amado Nervo

Perfect hearing consists of listening, not so much to others but to ourselves.
Perfect vision consists of looking, not so much at others but at ourselves.

Anonymous

ILUSIONES *

Uno se hace ilusiones que luego se pierden;
las ilusiones están hechas para ser perdidas una a una.

¿Y si no tienes ilusiones?

Si no tienes ilusiones, invéntalas:
debes tratar de tener siempre muchas ilusiones,
para que te puedas dar el lujo de perder una cada día.

PITA AMOR

Yo necesito pocas cosas y,
las pocas cosas que necesito,
las necesito poco.

SAN FRANCISCO DE ASÍS

El hombre más rico no es el que conserva el primer peso que ganó, sino el que
conserva al primer amigo que tuvo.

ANÓNIMO

ILLUSIONS

One holds illusions that are later lost;
illusions are made to be lost one by one.

And if you have no illusions?

If you have no illusions, invent them.
You should always try to have many illusions,
so as to have the luxury of losing one each day.

PITA AMOR

I need little,
and of the little I need,
I have little need.

SAINT FRANCIS OF ASSISI

The richest man is not the one who keeps the first dollar he earned, but the one who
keeps the first friend he had.

ANONYMOUS

HUMANIDAD

MANKIND

Si creemos en el progreso de la humanidad,
hagamos algo para lograrlo.

If we believe in the progress of mankind,
let us do something to achieve it.

ROGER PATRÓN LUJÁN

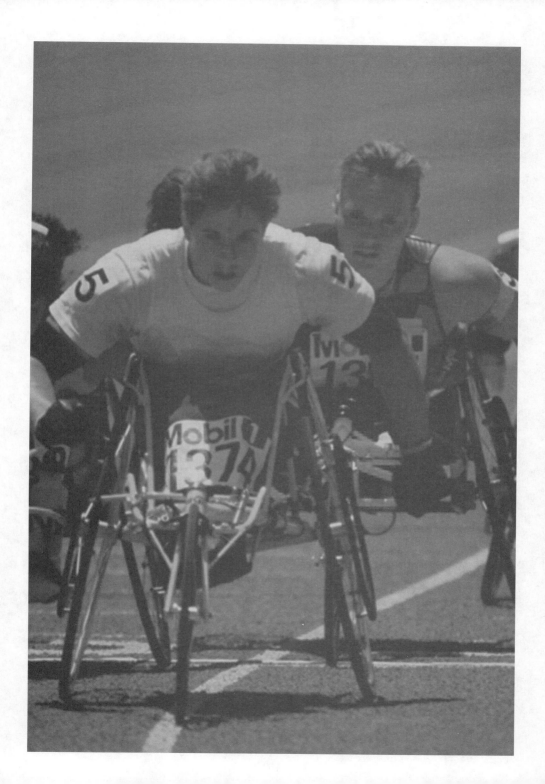

HAY DOS MARES

Hay dos mares en Palestina.

Uno es fresco y lleno de peces;
hermosas plantas adornan sus orillas;
los árboles extienden sus ramas sobre él,
y alargan sus sedientas raíces para beber sus saludables aguas;
en sus playas, los niños juegan.

El río Jordán hace este mar con burbujeantes aguas de las colinas,
los hombres construyen sus casas en la cercanía,
los pájaros, sus nidos,
y toda clase de vida es feliz por estar allí.

El río Jordán continúa hacia el sur, hacia otro mar.

Allí no hay trazas de vida, ni murmullos de hojas,
ni canto de pájaros, ni risas de niños.
Los viajeros escogen otra ruta;
solamente por urgencia lo cruzan.
El aire es espeso sobre sus aguas
y ningún hombre, ni bestias, ni aves la beben.

¿Qué hace esta diferencia entre mares vecinos?

No es el río Jordán.
Él lleva la misma agua a los dos.
No es el suelo sobre el que están,
ni el campo que los rodea.

La diferencia es ésta:

El mar de Galilea recibe al río, pero no lo retiene;
por cada gota que a él llega, otra sale.

El otro es un avaro... guarda su ingreso celosamente.
No tiene un generoso impulso;
cada gota que llega, allí se queda.

El mar de Galilea da y vive.
El otro mar no da nada.
Lo llaman el mar Muerto.

Hay dos mares en Palestina.
¡Hay dos clases de personas en el mundo!

BRUCE BARTON

THERE ARE TWO SEAS *

There are two seas in Palestine.

One is fresh, and fish are in it,
splashes of green adorn its banks.
Trees spread their branches over it,
and stretch out their thirsty roots to sip of its healing waters;
along its shores the children play.

The River Jordan makes this sea with sparkling water from the hills;
men build their houses near it,
and birds build their nests;
and every kind of life is happier because it is there.

The River Jordan flows on south into another sea.

Here is no splash of fish, no fluttering leaf,
no song of birds, no children's laughter.
Travelers choose another route;
they cross this sea only if they must.
The air hangs heavy above its water,
and neither man nor beast nor fowl will drink.

What makes this mighty difference in these neighboring seas?

Not the River Jordan.
It empties the same good water into both.
Not the soil in which they lie,
not the country round about.

This is the difference.

The Sea of Galilee receives but does not keep the Jordan;
for every drop that flows into it another drop flows out.

The other sea is shrewder, hoarding its income jealously.
It will not be tempted into any generous impulse;
every drop it gets, it keeps.

The Sea of Galilee gives and lives.
This other sea gives nothing.
It is named the Dead Sea.

There are two seas in Palestine.
There are two kinds of people in the world.

BRUCE BARTON

EL CIUDADANO DEL PORVENIR *

El ciudadano del porvenir, aparte de corresponder a un tipo leal, honrado, limpio, enérgico y laborioso, será el que quiera a su patria entrañablemente, sin necesidad de engañarse; pero quererla, sobre los males y fracasos, no para exagerarlos con la ironía o el pesimismo, sino para corregirlos con el trabajo, con el sacrificio, con la verdad.

Un tipo de ciudadano veraz en todo; veraz con sus semejantes y veraz consigo mismo, fiel a su palabra; superior a las mezquindades del servilismo y la adulación; que no se cruce de brazos ante las dificultades, esperando que lo salven de ellas, tardíamente, un golpe de valor, un medro, una astucia vil.

Un ser que no abdique a su derecho por negligencia, pero que no lo ejerza vivamente y que, sobre todo, jamás olvide que la garantía interna de esos derechos radica en el cumplimiento de los deberes, que cualquier derecho resultaría un privilegio específico y excepcional. Un ser que ame la vida y que la enaltezca.

En fin, un tipo de ciudadano capaz de juzgar las cosas y a los hombres con independencia y rectitud.

JAIME TORRES BODET

No son las montañas que tenemos enfrente las que nos cansan; es el grano de arena que llevamos dentro del zapato.

ANÓNIMO

Citizen of the Future

The citizen of the future, in addition to being loyal, honest, clean, energetic and hard-working, will love his country deeply without blinding himself to its faults; but he will love it with all its wrongs and failures, not to exaggerate them with irony or pessimism, but to correct them through hard work, sacrifice and truth.

A citizen who is true in everything; true to his fellow men and true to himself, true to his word; who is above servile pleas and adulation; someone who does remain inactive in the face of difficulties, expecting to be eventually rescued by a stroke of bravery or by dubious cunning.

Someone who does not relinquish his rights through negligence, but who does not abuse them; and who, above all, never forgets that the preservation of these rights is rooted in the fulfillment of duty, and that any right is a specific and exceptional privilege. Someone who loves life and honors it.

In brief, a citizen who is capable of judging things and men with independence and rectitude, because he is capable of judging himself before he judges others.

Jaime Torres Bodet

It is not the mountains that we have before us that tire us; it is the grain of sand that we carry in our shoes.

Anonymous

SER HOMBRE*

Ser hombre no es nada más ser varón,
simple individuo del sexo masculino.

Es hacer las cosas,
no buscar razones para demostrar que no se pueden hacer.

Es levantarse cada vez que se cae o se fracasa,
en vez de explicar por qué se fracasó.

Es ser digno,
consciente de sus actos y responsable.

Es saber lo que se tiene que hacer y hacerlo,
lo que se tiene que decir y decirlo, y saber decir no.

Es levantar los ojos de la tierra,
es elevar el espíritu, soñar con algo grande.

Es ser persona,
es decir, alguien distinto y diferente de los demás.

Es ser creador de algo:
un hogar, un negocio, un puesto, un sistema de vida.

Es entender el trabajo no solamente como necesidad
sino también como privilegio y don que dignifica y enorgullece.

Es tener vergüenza, sentir vergüenza de burlarse de una mujer,
de abusar del débil, de mentir al ingenuo.

Es comprender la necesidad de adoptar una disciplina
basada en principios sanos y sujetarse a esa disciplina.

Es comprender que la vida no es algo
que se nos da ya hecho
sino que es la oportunidad para hacer algo.

Hombres de esta talla y de esta alcurnia
necesita el mundo, los reclama México y los exige Dios.

ANÓNIMO

TO BE A MAN

To be a man is not only to be male,
a simple individual of the masculine gender.

To be a man is to do things,
not to find reasons to show that they cannot be done.

To be a man is to pick yourself up every time you fall or fail,
rather than explaining why you failed.

To be a man is to be worthy,
conscious of your actions and responsibilities.

To be a man is to know what must be done and do it,
to know what must be said and say it, and also to know how to say no.

To be a man is to lift your eyes from the earth,
to raise your spirit, to dream of something big.

To be a man is to be a person,
that is to say, someone different and distinct from others.

To be a man is to create something:
A home, a business, a position, a way of life.

To be a man is to understand work not only as a necessity,
but also as a privilege and a gift which gives one dignity and pride.

To be a man is to have shame,
to be ashamed to ridicule a woman,
to take advantage of the weak or lie to the innocent.

To be a man is to understand the need to adopt discipline
based on healthy principles and to subject yourself to this discipline.

To be a man is to understand that life is not something
that is given to us ready-made,
but an opportunity to do something well and to transcend.

Men of this stature and such lineage,
are needed in our country, claimed by the world and demanded by God.

ANONYMOUS

EL HOMBRE NUEVO *

Debe tener las siguientes cualidades:

Disposición para abandonar toda forma de tener para poder ser plenamente.

Sentir seguridad, tener sentimientos de identidad y confianza con base en la fe en lo que uno es, en la necesidad de relacionarse, interesarse, amar, solidarizarse con el mundo que nos rodea, en lugar de basarse en el deseo de tener, poseer, dominar al mundo y así ser esclavo de sus posesiones.

Aceptar el hecho de que nadie ni nada exterior al individuo da significado a su vida, sino que esta independencia radical, y no la ambición, puede llegar a ser la condición para la actividad plena, dedicada a compartir e interesarse por los demás.

Estar plenamente presente donde uno se encuentra.

Sentir la alegría que causa dar y compartir, y no acumular y explotar.

Amar y respetar la vida en todas sus manifestaciones, con la certeza de que ni el poder ni la muerte son sagradas, sino la vida y todo lo que contribuye a su desarrollo.

Tratar de reducir, tanto como pueda, la codicia, el odio y las ilusiones.

Vivir sin adorar ídolos y sin ilusiones, porque ha llegado al estado en que no necesita ilusiones.

Desarrollar la capacidad de amar, junto con el pensamiento crítico, no sentimental.

Desprenderse del narcisismo y aceptar las limitaciones trágicas inherentes a la existencia humana.

Hacer del pleno desarrollo de sí mismo y del prójimo la meta suprema de vivir.

Saber que para alcanzar esta meta, es necesaria la disciplina y respetar la realidad.

Saber, también, que ningún desarrollo es sano si no ocurre en una estructura, pero conocer también la diferencia entre la estructura como atributo de la vida, y el orden como atributo de no vivir, de la muerte.

Desarrollar la imaginación, no para escapar de las circunstancias intolerables, sino para anticipar las posibilidades reales, como medio para suprimir las circunstancias intolerables.

No engañar, pero tampoco dejarse engañar por otros; se puede admitir ser llamado inocente, pero no ingenuo.

THE NEW MAN

Should have the following qualities:

Willingness to give up all forms of having in order to fully be.

Security, sense of identity, and confidence based on faith in what one is, on one's need for relatedness, interest, love, solidarity with the world around one, instead of on one's desire to have, to possess, to control the world, and thus become the slave of one's possessions.

Acceptance of the fact that nobody and nothing outside oneself gives meaning to life, but that this radical independence and nothingness can become the condition for the fullest activity devoted to caring and sharing.

Being fully present where one is.

Joy that comes from giving and sharing, not from hoarding and exploiting.

Love and respect for life in all her manifestations, in the knowledge that power and all deadly things are not sacred; what is sacred are life and all that contributes to her growth.

Trying to reduce greed, hate, and illusions as much as one is capable.

Living without worshiping idols and without illusions, because one has reached a state that does not require illusions.

Developing one's capacity for love, together with one's capacity for critical, unsentimental thought.

Shedding one's narcissism and accepting the tragic limitations inherent in human existence.

Making the full growth of oneself and of one's fellow beings, the supreme goal of living.

Knowing that to reach this goal, discipline and respect for reality are necessary.

Knowing also that no growth is healthy that does not occur in a structure, but knowing, too, the difference between structure as an attribute of life and order as an attribute of non-life, of death.

Developing one's imagination, not as an escape from intolerable circumstances but as the anticipation of real possibilities, as a means to do away with intolerable circumstances.

Not deceiving others, but also not being deceived by others; one may be called innocent, but not naive.

Percibir la unión por la vida y, por consiguiente, renunciar a la meta de conquistar a la naturaleza, someterla, explotarla, violarla, destruirla y, en vez de esto, tratar de comprender y cooperar con la naturaleza.

La libertad no es arbitraria, responde a la posibilidad de ser uno mismo, no un manojo de deseos, de avaricia, de ambiciones; una estructura delicadamente equilibrada que en todo momento se enfrenta a la alternativa de crecer o decaer, de vivir o morir.

Saber que el mal y la destrucción son consecuencias necesarias de la imposibilidad de desarrollarse.

Saber que sólo muy pocos han alcanzado la perfección en todas esas cualidades, pero, sin la ambición de alcanzar la meta, reconociendo que esta ambición sólo es otra forma de codiciar, de tener.

Ser feliz en el proceso de vivir cada día más, sin importar el avance que el destino le permita realizar, porque vivir tan plenamente como pueda es tan satisfactorio que le resulta difícil preocuparse por lo que se logra.

ERICH FROMM

De la independencia de los individuos depende la grandeza de los pueblos.

JOSÉ MARTÍ

Sensing one's oneness with all life, hence giving up the aim of conquering nature, subduing it, exploiting it, raping it, destroying it, but trying, rather, to understand and cooperate with nature.

Freedom that is not arbitrariness but the possibility to be oneself, not a bundle of greedy desires, but as a delicately balanced structure that at any moment is confronted with the alternative of growth or decay, life or death.

Knowing that evil and destructiveness are necessary consequences of failure to grow.

Knowing that only a few have reached perfection in all these qualities, but being without the ambition to reach the goal, in the knowledge that such ambition is only another form of greed, of having.

Happiness in the process of ever-growing aliveness, whatever the furthest point is that fate permits one to reach, for living as fully as one can is so satisfactory that the concern for what one might or might not attain has little chance to develop.

ERICH FROMM

The greatness of nations depends on the independence of the individual.

JOSE MARTÍ

¡Es un privilegio! *

Ser uno de los miles de colaboradores para hacer posible un cuento histórico,

¡Es un privilegio!

Ser uno de los miles de trabajadores que ayudan a elevar el nivel de vida de quienes nos rodean,

¡Es una oportunidad!

Ser uno de los miles que ayudan a tener una vida más plena a otros,

¡Es un reto!

Aunque lo que hagamos parezca insignificante, nuestros esfuerzos se vuelven colectivos, como pequeños copos de nieve que transforman el triste y seco paisaje en algo bello.

Así como las gotas de agua o los granos de arena conforman al poderoso océano y la apacible tierra, así nuestros esfuerzos —grandes, pequeños o fútiles— ayudan o estorban el desarrollo del mundo.

PAUL S. McELROY

La ignorancia mata a los pueblos. Por ello es preciso matar la ignorancia.

JOSÉ MARTÍ

IT IS A PRIVILEGE!

To be one of the thousands of collaborators who make possible
an historical event

> *Is a privilege!*

To be one of the thousands of workers helping to raise the
standard of living of those around us

> *Is an opportunity!*

To be one of the thousands who help to create a fuller life for others

> *Is a challenge!*

Although what we do may seem insignificant, our efforts become
collective, like small flakes of snow transforming a sad, dry
landscape into a thing of beauty.

And like drops of water or grains of sand form the powerful
ocean and the gentle earth, in the same way, our efforts —big,
small or futile— help or hinder the development of the world.

PAUL S. McELROY

Ignorance destroys nations. That is why ignorance must be destroyed.

JOSÉ MARTÍ

DIÓGENES *

Estaba un día Diógenes en la esquina de una calle riendo como loco.

—¿De qué te ríes? —le preguntó un transeúnte.

—¿Ves esa piedra que hay en medio de la calle? Desde que llegué aquí esta mañana, diez personas han tropezado con ella y la han maldecido, pero ninguna se ha tomado la molestia de retirarla para que otros no se tropiecen.

ANTHONY DE MELLO

Si tus planes son de un año, siembra un grano.
Si son de diez años, siembra un árbol.
Si son de cien años, enseña a un pueblo.

KUAN CHUNG

Todo lo que se ve como una victoria no siempre significa ganar;
y perder, no siempre significa estar derrotado.

IDRIES SHAH

La voluntad de ser está en nosotros, así como la voluntad de ser mejores.
A los líderes nos corresponde facilitar a nuestra gente el logro de estas aspiraciones.

AXAYÁCATL

DIOGENES

Diogenes was standing at a street corner one day, laughing like a madman.

—What are you laughing about?, a passerby asked.

—Do you see that stone in the middle of the street?
Since I got here this morning, ten people have stumbled on it and cursed it.
But not one of them took the trouble to remove it so others wouldn't stumble.

ANTHONY DE MELLO

If you plan for a year, plant a seed.
If for ten years, plant a tree.
If for a hundred years, teach people.

When you sow a seed once, you will reap a single harvest.
When you teach people, you will reap a hundred harvests.

KUAN CHUNG

Not all that appears as victory signifies winning,
and losing does not always signify defeat.

IDRIES SHAH

Within us is the will to be, as well as the will to be better.
It is our responsibility as leaders to help our people to achieve these aspirations.

AXAYÁCATL

Comunicación con Dios

Communication with God

Agradezcamos al Creador la oportunidad de vivir.

Let us be grateful to the Creator for the opportunity of living.

Roger Patrón Luján

ORACIÓN *

No me dirijo a los hombres.

Me dirijo a Ti, Dios de todos los seres, de todos los mundos, de todos los tiempos, si es permitido a débiles criaturas, perdidas en la inmensidad e imperceptibles para el resto del Universo, atreverse a pedirte algo, a Ti, que todo lo has dado, a Ti, cuyos decretos son inmutables y eternos.

Mira con piedad los errores de nuestra naturaleza; que estos errores no sean calamidades; no nos has dado el corazón para aborrecernos y las manos para degollarnos.

Haz que nos ayudemos mutuamente a soportar el fardo de una vida penosa y fugaz.

Que las pequeñas diferencias entre los trajes que cubren nuestros débiles cuerpos, entre nuestros insuficientes lenguajes, entre nuestros ridículos usos, entre nuestras imperfectas leyes, entre nuestras insensatas opiniones, entre nuestras condiciones tan desproporcionadas a nuestros ojos y tan iguales ante Ti —que todos esos matices, en fin, que distinguen a los átomos llamados hombres— no sean señales de odio y persecución.

Que los que encienden cirios en pleno mediodía para celebrarte soporten a los que se contentan con la luz de Tu Sol.

Que los que cubren su traje con tela blanca para decir que hay que amarte no detesten a los que hacen lo mismo bajo una capa de lana negra. Que sea igual adorarte en jerga formada de antigua lengua que en una recién formada.

Que aquellos cuyo traje está teñido de rojo o morado, así como los que dominan un montoncito de barro de este mundo y que poseen algunos redondeaditos fragmentos de metal, gocen sin orgullo de lo que llaman grandeza y riqueza, y que los demás no los envidien.

Tú sabes que no hay en esas vanidades nada que envidiar ni de qué enorgullecerse...

¡Ojalá que todos los hombres recuerden que son hermanos!

¡Que abominen la tiranía ejercida sobre las almas que arrebata por la fuerza el fruto del trabajo y la industria pacífica!

Si los azotes de la guerra son inevitables, que no nos aborrezcamos.

No nos destrocemos unos a otros en tiempos de paz y empleemos el instante de nuestra existencia en bendecir —en mil lenguas diversas, desde Siam hasta California— Tu bondad, que nos concedió este instante.

VOLTAIRE

Prayer

I am not speaking to men.

I am speaking to You, God of all beings, of all worlds, of all times: if it is permitted for weak creatures, lost in the immensity, imperceptible to the rest of the Universe, to ask something from You, You who have given all, You whose decrees are immutable and eternal.

Look down with pity on the errors of our nature; let not these errors become disasters; You did not give us hearts so we would abhor our neighbor or hands that we would take each others' lives.

Enable us to help each other to support the burden of this painful, fleeting life.

Let not our small differences, the clothing that adorns our feeble bodies, our inadequate languages, our ridiculous customs, our imperfect laws, our foolish opinions, our different conditions which appear so unequal to us and so equal to You — let not these trivialities, which distinguish the atoms called men — be signs of hate and persecution.

May those who light candles in the middle of the day to celebrate You tolerate those who content themselves with the light of Your Sun.

May those who shroud themselves in white cloth in order to proclaim the obligation to love You not detest those who do the same under a cloak of black wool. May it be the same to worship You in an ancient tongue as in a recent one.

May those whose clothing is dyed in red or purple, who control a little mound of this world's mud or possess small, round pieces of metal enjoy without pride what they call greatness and riches, and may others not envy them.

You know that these vanities have nothing to be envied or to be proud of...

Let all men remember that they are brothers!

Oh! that men may abominate the tyranny which binds their souls, which snatches away the fruits of their work and peaceful labor!

If the blows of war are inevitable, let us not hate each other.

Let us not destroy ourselves in times of peace, and let us dedicate our brief existence to praising — in a thousand different tongues, from Siam to California — the goodness of that instant that You have bestowed on us.

Voltaire

Dios *

Es Aquel que con esperanza cierta cultiva con optimismo la verdad.

Es Aquel que con fe sincera siembra con ánimo el camino.

Es Aquel que con amor franco cosecha con entusiasmo la vida.

Es calor que despierta a los corazones dormidos.

Es luz que desvanece a su paso la oscuridad.

Es conciencia que conduce al bien.

Es amor que concibe a la realidad.

Es vida que reanima lo inerte.

Es razón que revela la verdad.

Es todo, y todo en cada uno.

STEFANO TANASESCU MORELLI

*Nadie fue ayer, ni va hoy,
ni irá mañana hacia Dios
por este mismo camino
que yo voy.*

*Para cada hombre guarda
un rayo nuevo de luz el Sol...
y un camino virgen, Dios.*

LEÓN FELIPE

GOD

Is He who, with confident hope, cultivates the truth with optimism.

Is He who, with sincere faith, sows life's field with positiveness.

Is He who reaps life enthusiastically with true Love.

Is warmth that awakens sleeping hearts.

Is light that, in passing, illuminates darkness.

Is conscience that leads to goodness.

Is love which conceives reality.

Is life which revives the inert.

Is reason which reveals the truth.

Is all and all in everyone.

STEFANO TANASESCU MORELLI

No one went looking for God yesterday,
nor does anyone look for Him today,
nor will anyone look for him tomorrow,
by the same road I take.

This sun has a fresh ray of light
and God has an untrodden path
for each person.

LEÓN FELIPE

Una vida solitaria

Nació en un pueblo casi desconocido, hijo de una mujer campesina.

Creció en otra aldea.

Trabajó en una carpintería hasta los treinta años y después,
durante tres años, fue un predicador ambulante.

Jamás escribió un libro.
Nunca ocupó cargo alguno.
Jamás tuvo casa propia.
Jamás se alejó trescientos kilómetros de donde nació.
Nunca hizo aquello que identifica a los grandes hombres.
No tenía más credenciales que su propia persona.

Aunque caminó por muchas partes, curando a los enfermos,
devolviendo la vista a los ciegos, sanando a los inválidos
y resucitando a los muertos, los principales líderes religiosos
se voltearon contra Él.

Sus amigos huyeron.
Lo entregaron a sus enemigos y soportó la burla de su juicio.
Fue escupido, flagelado y ridiculizado.
Fue clavado en una cruz entre dos ladrones.

Cuando Él moría, sus verdugos se jugaban
la única pieza que poseía en la tierra: su capa.

Después de muerto fue colocado en un sepulcro prestado,
gracias a la merced de un amigo.

Veinte siglos han pasado desde entonces, y hoy,
Él constituye la figura central de la raza humana
y es el líder de la columna del progreso.

Todos los ejércitos que jamás hayan marchado,
todas las flotas que han sido construidas,
todos los parlamentos que jamás hayan sesionado,
y todos los reyes que jamás hayan regido,

   ¡Todos!

No han afectado la vida del hombre sobre esta Tierra como esa vida solitaria.

James A. Francis

ONE SOLITARY LIFE *

He was born in an obscure village, the child of a peasant woman.

He grew up in another village.

He worked in a carpenter shop until He was thirty, and then,
for three years was an itinerant preacher.

He never wrote a book.
He never held office.
He never owned a home.
He never traveled two hundred miles from the place where He was born.
He never did one of the things that usually accompany greatness.
He had no credentials but Himself.

Although He walked across the land, curing the sick,
giving sight to the blind, healing the lame,
and resurrecting people from the dead, the highest religious leaders
turned against Him.

His friends fled.
He was turned over to His enemies and had to bear the mockery of a trial.
He was spat upon, flogged and ridiculed.
He was nailed to a cross between two thieves.

While He was dying, His executioners gambled
for the only property that He had on earth, and that was His robe.

When He was dead, He was laid down in a borrowed grave
through the pity of a friend.

Twenty long centuries have come and gone, and today
He is the central figure of the human race
and the leader of the column of progress.

All the armies that ever marched,
all the navies that were ever built,
all the parliaments that ever sat,
and all the kings that ever reigned,

   All!

Have not affected the life of man upon this Earth as that One Solitary Life.

JAMES A. FRANCIS

Si amas a Dios *

Si amas a Dios,
    en ninguna parte has de sentirte extranjero, porque Él estará en
    todas las regiones, en lo más dulce de todos los paisajes, en el
    límite indeciso de todos los horizontes.

Si amas a Dios,
    en ninguna parte estarás triste, porque, a pesar de la diaria
    tragedia, Él llena de júbilo el universo.

Si amas a Dios,
    no tendrás miedo de nada ni de nadie, porque nada puedes
    perder
    y todas las fuerzas del cosmos serían impotentes para quitarte
    tu heredad.

Si amas a Dios,
    ya tienes alta ocupación para todos los instantes, porque no habrá acto que
    no ejecutes en su nombre, ni el más humilde ni el más elevado.

Si amas a Dios,
    ya no querrás investigar los enigmas, porque lo llevas a Él, que
    es la clave y resolución de todos.

Si amas a Dios,
    ya no podrás establecer con angustia una diferencia entre la vida
    y la muerte, porque en Él estás y Él permanece incólume a través
    de todos los cambios.

AMADO NERVO

El cielo no es un lugar, ni un tiempo. El cielo consiste en ser perfecto.

RICHARD BACH

IF YOU LOVE GOD

If you love God,
   you need never feel like a stranger, because He will be
   everywhere, in the most beautiful landscapes, within the
   indefinite limit of all horizons.

If you love God,
   you need never feel sad, because beyond each day's sorrow,
   He fills the Universe with joy

If you love God,
   you need never fear anything or anybody, because you have
   nothing to lose, and all the combined forces of the cosmos would
   be powerless to dispossess you of your estate.

If you love God,
   you will have a high pursuit at all times, because there is no
   action, whether humble or momentous, that you will not
   perform in His name.

If you love God,
   you will no longer want to investigate the enigmas,
   because you will take these to Him, who is the key and solution of all.

If you love God,
   the passage between life and death will not cause you anguish, because,
   you are in Him, and He will remain unharmed through all changes.

                                                        AMADO NERVO

Heaven is not a place, and it is not a time. Heaven is being perfect.

                                                        RICHARD BACH

ESTOY SIEMPRE CONTIGO

¿Me necesitas? Estoy allí contigo.

No puedes verme; sin embargo Yo soy la luz que te permite ver.
No puedes oírme; sin embargo Yo hablo a través de tu voz.
No puedes sentirme, pero Yo soy el poder que trabaja en tus manos.
Estoy trabajando aunque desconozcas Mis senderos.
Estoy trabajando aunque no reconozcas Mis obras.
No soy visión extraña. No soy misterio.

Sólo en el silencio absoluto, más allá del yo,
puedes conocerme como soy, y entonces sólo como un sentimiento y como fe.
Sin embargo, estoy allí. Sin embargo, te oigo. Sin embargo, te contesto.
Cuando Me necesitas, estoy contigo.
Aun cuando Me niegas, estoy contigo.
Aun cuando te sientas más solo, Yo estoy contigo.
Aun en tus temores, estoy contigo. Aun en tu dolor, estoy contigo.
Estoy contigo cuando oras y cuando no oras.
Estoy en ti y tú estás en Mí.

Sólo en tu mente puedes sentirte separado de Mí,
pues sólo en tu mente están las brumas de lo tuyo y lo Mío.

Sin embargo, tan sólo con tu mente, puedes conocerme y sentirme.
Vacía tu corazón de temores ignorantes.
Cuando quitas el yo de en medio, estoy allí contigo.
Por ti mismo no puedes hacer nada, pero Yo todo lo puedo.
Yo estoy en todo.

Aunque no puedas ver el bien, el bien está allí, pues Yo estoy allí.
Estoy allí porque tengo que estarlo, porque Yo Soy.
Sólo en Mí tiene el mundo significado; sólo en Mí toma el mundo forma;
sólo en Mí el mundo sigue adelante.
Soy la ley en la cual descansa el movimiento de las estrellas
y el crecimiento de toda célula viva.
Soy el amor que es el cumplimiento de la ley.
Soy seguridad. Soy paz. Soy unificación.
Soy la ley por la cual vives. Soy el amor en que puedes confiar.
Soy tu seguridad. Soy tu paz. Soy uno contigo.

   ¡Yo soy!

Aunque falles en encontrarme, Yo nunca dejo de encontrarte.
Aunque tu fe en Mí es incierta, Mi fe en ti nunca flaquea.
Porque te conozco, porque te amo...

   ¡Mi bien amado, estoy contigo!

JAMES DILLET FREEMAN

I am always with you *

Do you need Me? I am there.

You cannot see Me, yet I am the light you see by.
You cannot hear Me, yet I speak through your voice.
You cannot feel Me, yet I am the power at work in your hands.
I am at work, though you do not understand My ways.
I am at work, though you do not recognize My works.
I am not strange visions. I am not mysteries.

Only in absolute stillness, beyond self, can you know Me as I am,
and then but as a feeling and a Faith.
Yet I am there. Yet I hear. Yet I answer.
When you need Me, I am there.
Even if you deny Me, I am there.
Even when you feel most alone, I am there.
Even in your fears, I am there. Even in your pain, I am there.
I am there when you pray and when you do not pray.
I am in you, and you are in Me.

Only in your mind can you feel separate from Me,
for only in your mind are the mists of yours and Mine.

Yet only with your mind can you know Me and experience Me.
Empty your heart of empty fears.
When you get yourself out of the way, I am there.
You can of yourself do nothing, but I can do all.
And I am in all.

Though you may not see the good, good is there, for I am there.
I am there because I have to be, because I Am.
Only in Me does the world have meaning;
only out of Me does the world take form;
only because of Me does the world go forward.
I am the Law on which the movement of the stars and the growth
of living cells are founded. I am the Love that is the law's fulfilling.
I am assurance. I am peace. I am oneness.
I am the Law that you can live by. I am the Love you can cling to.
I am your assurance. I am your peace. I am one with you.

I am.

Though you fail to find Me, I do not fail you.
Though your Faith in Me is insecure, My Faith in you never wavers.
Because I know you, because I love you.

Beloved, I am there!

JAMES DILLET FREEMAN

HUELLAS

Una noche tuve un sueño.

Soñé que caminaba con el Señor sobre la playa.
A través del firmamento se dibujaban escenas de mi vida.

En cada escena, noté que había dos pares
de pisadas en la arena,
un par pertenecía a mí
y el otro al Señor.

Cuando la última escena de mi vida relució ante mis ojos
miré hacia atrás para ver las pisadas en la arena.
Había solamente un juego de pisadas.
Noté que esto había sucedido durante la época más honda
y triste de mi vida.

Esto me molestó
y pregunté al Señor
acerca de mi dilema.

Señor, tú me dijiste que una vez que yo hubiera decidido seguirte,
caminarías y hablarías conmigo toda la vida.
Pero he notado que durante las épocas más difíciles
de mi vida hay solamente un juego de pisadas.
No comprendo por qué, precisamente cuando más te necesitaba,
me has abandonado.

El Señor me dijo al oído:

Mi hijo amado, Yo te quiero mucho y nunca, jamás,
te abandonaría en los tiempos de prueba y de dolor.
Cuando tú viste solamente un par de pisadas
era entonces que Yo te llevaba en mis brazos.

ATRIBUIDO A MARGARET FISHBACK POWERS

¡Oh!, Dios, concédeme
serenidad para aceptar lo que no puede ser cambiado,
valor para cambiar lo que puede ser cambiado,
y sabiduría para discernir lo uno de lo otro.

ATRIBUIDO A SAN FRANCISCO DE ASÍS

FOOTPRINTS *

One night I dreamed a dream.

I was walking along the beach with my Lord.
Across the dark sky flashed scenes from my life.
For each scene, I noticed two sets
of footprints in the sand,
one belonging to me
and one to my Lord.

When the last scene of my life shot before me
I looked back at the footprints in the sand.

There was only one set of footprints.
I realized that this was at the lowest
and saddest times of my life.

This always bothered me
and I questioned the Lord
about my dilemma.

—Lord, you told me when I decided to follow You,
You would walk and talk with me all the way.
But I'm aware that during the most trouble some
times of my life there is only one set of footprints.

I just don't understand why, when I needed You most,
You left me.

He whispered, —My precious child,
I love you and will never leave you,
never, ever, during your trials and testings.

When you saw only one set of footprints
it was then that I carried you.

ATTRIBUTED TO MARGARET FISHBACK POWERS

Oh! God, give me
serenity to accept what cannot be changed
courage to change what should be changed,
and wisdom to distinguish the one from the other.

ATTRIBUTED TO SAINT FRANCIS OF ASSISI

LA REGLA DE ORO *

BRAHMANISMO
Todos tus deberes se encierran en esto: no hagas a otros nada que
te doliera si te lo hiciesen a ti.

MAHABHARATA

BUDISMO
No ofendas a los demás como no quieras verte ofendido.

UDÂNA-VARGA

CONFUCIONISMO
¿Hay alguna máxima que deba uno seguir en la vida?
Ciertamente, la máxima de la apacible benignidad: lo que no
deseamos que nos hagan, no lo hagamos a los demás.

ANALECTAS

CRISTIANISMO
Todo cuanto quieran que les hagan los hombres, háganselos
también ustedes a ellos, porque ésta es la ley y los profetas.

EL EVANGELIO DE SAN MATEO

ISLAMISMO
Ninguno de vosotros será verdadero creyente, a menos que desee
para su hermano lo mismo que desea para sí mismo.

SUNNAH

JUDAÍSMO
Lo que no quieres para ti, no lo quieras para tu prójimo; esto es
toda la ley, lo demás es comentario.

TALMUD SHABBAT

TAOÍSMO
Sean para ti, como tuyas, las ganacias de tu prójimo y, como
tuyas, sus pérdidas.

T'AI SHANG KAN YING PIEN

ZOROASTRISMO
Es bueno el que se abstiene de hacer a otros lo que no es bueno para
uno.

DADISTAN-I-DINIK

THE GOLDEN RULE

BRAHMANISM

This is the sum of duty: do naught unto others which would cause
you pain if done to you.

MAHABHARATA

BUDDHISM

Hurt not others in ways that you yourself would find hurtful.

UDINA-VARGA

CONFUCIANISM

Is there a maxim one should follow in life? Surely it is the maxim
of loving-kindness: do not do unto others that which you would
not have them do unto you.

ANALECTS

CHRISTIANITY

Do to others all that you would have them do to you.
That is the law of the prophets.

GOSPEL OF SAINT MATTHEW

ISLAM

None of you is a believer until he desires for his brother
that which he desires for himself.

SUNNAH

JUDAISM

What is hateful to you, do not want it for your neighbor.
That is the entire Law; all the rest is commentary.

TALMUD SHABBAT

TAOISM

Regard your neighbor's gain as your own gain,
and your neighbor's loss as your own loss.

T'AI SHANG KAN YING PIEN

ZOROASTRIANISM

That nature alone is good which refrains from doing unto
another whatsoever is not good for itself.

DADISTAN-I-DINIK

Madurez
Maturity

Madurez es haber aprendido a compartir.

Maturity is having learned to share.

ROGER PATRÓN LUJÁN

SI PUDIERA VIVIR NUEVAMENTE MI VIDA

Me gustaría cometer más errores la próxima vez.

Me relajaría más, sería menos perfecta.

Sería más tonta de lo que he sido en este viaje. Tomaría muy pocas cosas en serio.

Tomaría más riesgos. Subiría más montañas y nadaría más ríos.

Comería más helados y menos frijoles. Quizá tendría más problemas reales y menos imaginarios.

Soy una de esas personas que vive sensata y sanamente hora tras hora, día tras día. He tenido buenos momentos y, si tuviera que vivir nuevamente, tendría más. De hecho, trataría de tener solamente buenos momentos.

Sólo momentos, uno tras otro, en vez de vivir pensando en los años venideros.

Yo he sido una de esas personas que nunca van a ningún lugar sin un termómetro, una bolsa de agua caliente, un impermeable y un paracaídas.

Si pudiera vivir otra vez, viajaría más ligera.

Si pudiera vivir nuevamente, comenzaría a andar descalza al principio de la primavera y seguiría así hasta finales del otoño.

Iría a más bailes; subiría más al carrusel...
    ¡recogería más margaritas!

NADINE STAIR

IF I HAD MY LIFE TO LIVE OVER AGAIN *

I would like to make more mistakes next time.

I would relax, I would limber up.

I would be sillier than I have been this trip. I would take fewer things seriously.

I would take more chances. I would climb more mountains and swim more rivers.

I would eat more ice cream and fewer beans. I would perhaps have more actual troubles, but I'd have fewer imaginary ones.

You see, I'm one of those people who live sensibly and sanely hour after hour, day after day. Oh, I've had my moments, and if I had it to do over again, I'd have more of them. In fact, I would try to have nothing else.

Just moments, one after another, instead of living so many years ahead of each day.

I've been one of those persons who never goes anywhere without a thermometer, a hot water bottle, a raincoat and a parachute.

If I had to do it again, I would travel lighter than I have.

If I had my life to live over, I would start barefoot early in the spring and stay that way late in the fall.

I would go to more dances. I would ride more merry-go-rounds...
I would pick more daisies!

NADINE STAIR

SER JOVEN *

Ser joven es tener ideales y luchar hasta lograrlos.

Es soñar en el futuro por el que se trabaja en el presente.

Es tener siempre:
algo que hacer,
algo que crear,
algo que dar.

ANÓNIMO

Cuando naces, lloras, y los demás sonríen.

Vive de tal manera que,
cuando mueras, sonrías, y los demás te lloren.

ANÓNIMO

Vive como, al momento de morir, quisieras haber vivido.

CONFUCIO

El niño nace con una necesidad de ser amado que no se extingue con la edad.

ANÓNIMO

To be young

To be young is to have ideals and to struggle to attain them.

It is to dream of the future that one works in the present.

It is to always have:
> *something to do,*
> *something to create,*
> *something to give.*

Anonymous

When you are born, you cry, and those around you smile.

Live in such a way that,
when you die, you smile, and those around you cry.

Anonymous

Live the way you wish you had lived at the moment of your death.

Confucius

Babies are born with the need to be loved, and this need is not extinguished with age.

Anonymous

En recuerdo mío

El día llegará en que un médico comprobará que mi cerebro ha dejado de funcionar y mi vida en este mundo ha llegado a su término.

Cuando tal cosa ocurra, no intentes infundirle a mi cuerpo una vida artificial con ayuda de alguna máquina, y no digas que me hallo en mi lecho de muerte. Estaré en mi lecho de vida y quiero que este cuerpo sea retirado para contribuir a que otros seres humanos hagan mejor vida.

Da mis ojos al infeliz que jamás haya contemplado el amanecer, que no haya visto el rostro de un niño o la luz del amor en los ojos de una mujer.

Da mi corazón a alguna persona a quien el propio sólo le haya valido interminables días de sufrimiento.

Mi sangre dala al adolescente rescatado de su automóvil deshecho, para que pueda vivir hasta ver a sus nietos retozando a su lado.

Da mis riñones al enfermo que debe recurrir a una máquina para vivir de una semana a otra.

Para que un niño lisiado pueda andar, toma la totalidad de mis huesos, todos mis músculos, las fibras y los nervios de mi cuerpo.

Hurga en todos los rincones de mi cerebro. Si es necesario, toma mis células y haz que se desarrollen, de modo que algún día un chico sin habla logre gritar con entusiasmo al ver caer un gol, y una muchachita sorda pueda oír el repiquetear de la lluvia en los cristales de la ventana.

Lo que quede de mi cuerpo, entrégalo al fuego y lanza las cenizas al viento para contribuir al crecimiento de las flores.

Si algo has de enterrar, que sean mis errores, mis flaquezas y todos mis prejuicios contra mi prójimo.

Si acaso quieres recordarme, hazlo con una buena obra y diciendo alguna palabra bondadosa a quien tenga necesidad de ustedes.

   ¡Si haces todo lo que pido, viviré eternamente!

Robert N. Test

IN MY MEMORY *

The day will come when a doctor will confirm that my brain has stopped functioning and that my life in this world has definitely reached its end.

When this happens, do not try to feed artificial life into my body with the help of some machine, and do not say that I'm on my death bed. I will be in my life bed and see that my body is disposed of in order to help other human beirigs have a better life.

Give my eyes to an unfortunate who never saw a sunrise, who never saw the face of a child or the light of love in the eyes of a woman.

Give my heart to someone whose own heart has only given him endless days of suffering.

Give my blood to the teenager who has been rescued from his wrecked car so that he may live to see his grandchildren romp at his side.

Give my kidneys to a patient who, week after week, must use a machine to stay alive.

To help a crippled child walk, take all of my bones, all of my muscles, all the fibers and nerves of my body.

Probe into all the corners of my brain. If it is necessary, take my cells and make them grow, to enable a boy who cannot talk, to yell with enthusiasm when someone scores a touchdown, and to allow a deaf girl to listen to the pitter-patter of the rain on the window panes.

Whatever remains of my body, throw it to the fire and scatter the ashes in the wind, in order to help the flowers grow.

If you must bury something, bury my errors, my weaknesses and all of my prejudices against my neighbor.

If you want to remember me, do so through a good deed and speak kind words to someone who needs you.

If you do all that I ask, I will live eternally.

ROBERT N. TEST

A los ochenta y cinco años

Una anciana de ochenta y cinco años era entrevistada con motivo de su cumpleaños.

Le periodista le preguntó qué consejo daría a las personas de su edad.

—Bueno —dijo la anciana— a nuestra edad, es muy importante no dejar de usar todo nuestro potencial; de lo contrario, éste se marchita. Es muy importante estar con la gente y, siempre que sea posible, ganarse la vida prestando un servicio. Eso es lo que nos mantiene con vida y salud.

—¿Puedo preguntarle qué es lo que hace para ganarse la vida a su edad?

—Cuido de una anciana que vive en mi barrio— fue su inesperada y deliciosa respuesta.

ANTHONY DE MELLO

La belleza física es pasajera.

La de la inteligencia y la del carácter, por el contrario, adquieren siempre nuevos atractivos en el curso de los años.

ANÓNIMO

AT EIGHTY-FIVE *

An eighty-five-year-old woman was being interviewed on her birthday.

What advice would she have for people her age, the reporter asked.

—Well— said the old dear—, at our age it is very important to keep using all of our potential or it dries up. It is important to be with people and, whenever possible, to make one's living through rendering a service. That is what keeps us alive and well.

—May I ask you what exactly you do to earn a living at your age?

--I take care of an elderly lady who lives in my neighborhood—, was her unexpected and delightful reply.

ANTHONY DE MELLO

Physical beauty is fleeting.

Beauty of intellect and character, however, always acquires new attraction over the course of the years.

ANONYMOUS

EN PAZ *

Muy cerca de mi ocaso
yo te bendigo, Vida,
porque nunca me diste ni esperanza fallida,
ni trabajos injustos, ni pena inmerecida.

Porque veo, al final de mi rudo camino,
que yo fui el arquitecto de mi propio destino.

Que si extraje las mieles o la hiel de las cosas,
fue porque en ellas puse hiel o mieles sabrosas;
cuando planté rosales, coseché siempre rosas.

Cierto, a mis lozanías va a seguir el invierno,
mas tú no me dijiste que mayo fuese eterno.

Hallé sin duda largas las noches de mis penas,
mas no me prometiste tú sólo noches buenas,
y, en cambio, tuve algunas santamente serenas...

Amé, fui amado, el Sol acarició mi faz.

¡Vida, nada me debes!
¡Vida, estamos en paz!

AMADO NERVO

192

AT PEACE

Now, close to my death,
I bless you, Life,
because you never gave me false hope,
nor unjust work, nor undeserved pain;

Because now, at the end of my harsh road,
I can see that I was the architect of my own destiny;

That if I ever took the sweet or the bitterness out of things,
it was because I put bile or delicious honey in them:
when I planted roses, I always harvested roses.

... Indeed, after my youth, winter will follow;
but you never told me that May was eternal!

I found, indeed, my nights of suffering long;
but you never promised me only nights of joy,
and I did have some saintly serene ones...

I loved, I was loved, the sun caressed my face.

     Life, you owe me nothing!
     Life, we are at peace!

AMADO NERVO

Yo moriré, pero mi obra quedará.

HORACIO

I will die, but my work will endure.

HORACE

Índice de Autores

Authors' Index

Un Regalo excepcional. An Exceptional
Gift. se terminó de imprimir en julio de
2005 en Lipo-prensa S.A. de C.V. Cairo
No. 163 Col. Romero Rubio. México D.F.